复旦卓越·跨境电子商务系列教材

跨境电商西班牙语

INTRODUCCIÓN AL COMERCIO ELECTRÓNICO TRANSFRONTERIZO

编 著 岳惠琴

U0399754

编委会

丛书总序 葛 朗
顾问团队 葛 朗 黄 岳 唐 生 李 悦 姚大伟 王一明
编委会主任 黄中鼎
编委会副主任 杨自力
编委会成员（按交稿顺序）
朱瑞霞 周玲俐 岳惠琴 杨自力

復旦大學出版社

总序

  2020年8月24日，习近平总书记在经济社会领域专家座谈会上指出："'十四五'时期是我国全面建成小康社会、实现第一个百年奋斗目标之后，乘势而上开启全面建设社会主义现代化国家新征程、向第二个百年奋斗目标进军的第一个五年，我国将进入新发展阶段。"他在论述新发展阶段时，提出了"以畅通国民经济循环为主，国内国际双循环相互促进构建新发展格局"，这说明，新发展格局决不是封闭的国内循环，而是开放的国内国际双循环。我国在世界经济中的地位将持续上升，同世界经济的联系会更加紧密，为其他国家提供的市场机会将更加广阔，成为吸引国际商品和要素资源的巨大引力场。在这个过程中，数字经济、电子商务、跨境电商将大有作为。

  当前，新一轮科技革命和产业变革加速演进，智能制造变革不断深化，数字经济呈现蓬勃发展、不断创新、日新月异的态势。随着中国电子商务规模持续扩大，2016年开始，电子商务从超高速增长期进入到相对稳定的发展期。中国网上零售交易额近年来以40%以上的速度快速增长，统计至2019年，中国电子商务交易总额34.81万亿元，同比增长6.7%；全年网上零售额达到10.63万亿元，同比增长16.5%。实物商品网上零售额8.52万亿元，增长19.5%，占社会消费品零售总额的比重为20.7%，较上年增长2.3个百分点。2020年上半年，在突如其来的新冠肺炎疫情期间，实物商品网上零售额仍达4.3481万亿元，同比增长14.3%，电子商务继续承担国民经济发展的强大源动力。

  电子商务在扶贫脱贫攻坚战中也发挥了重要的作用。2019年，商务部电子商务进农村综合示范县已达1 231县次，对全国832个国家级贫困县实施了全覆盖，对接帮扶及销售贫困地区农产品超过28亿元。截至2020年3月的数据，农村地区互联网普及率达46.2%，农村网民规模为2.55亿，占网民整体的28.2%。

  中国跨境电子商务也取得迅猛的发展，已处于世界领先的地位。近年来，全国从事跨境电商的企业已达80万—100万家，包括平台企业、物流及综合服务企业、支付企业和仓储企业，基本涵盖了跨境电商产业全链条，跨境电商相关从业人员数量已逾千万。据海关统计，2019年跨境电商进出口商品总额达到1 862.1亿元，出口为944亿元，进口为918.1亿元，同比分别增长了68.2%和16.8%。2019年中国跨境电商出口量首次超过进口量。

  跨境电商已经是国际贸易的重要形式，是推动我国成为贸易强国的重要倚仗，是拓展开放的国内国际双循环的重要手段。跨境电商行业的迅猛发展需求大量专业人才，跨境电商相关从业人员数量虽然已逾千万，据智联招聘网站发布的岗位需求数据显示，86%的企业仍普遍反映跨境电商人才存在严重缺口，全国每年跨境电商岗位需求约200万个。企业在招聘跨境电商人才时，要求选择具备一定实战经验、专业知识扎实、行业视野宽广的人才。当下，提升跨境电商教学质量、提升跨境电商的人才培养规格，已经刻不容缓，势在必行。

去年，在教育部颁布的《普通高等学校高等职业教育（专科）专业目录》2019年增补专业中，已把跨境电子商务增设为财经商贸大类的新专业。这是政府教育部门为适应满足跨境电子商务行业人才急需的新举措。

在此背景之下，我们推出了跨境电商系列教材，首批是一套共包含七册的丛书，分别是《跨境电子商务实务》《跨境电商支付与结算》《跨境电商物流》《跨境电商实务－多平台营运实操基础》《跨境电商视觉设计》《跨境电商英语》《跨境电商西班牙语》。本系列教材既适合各类高等院校高职高专、本科和社会培训学校电子商务相关专业作为教材使用，也可供不同层次的跨境电商相关从业人员学习和参考。

本系列教材由中国跨境电子商务培训认证（长三角）管理中心策划组织编写。所涵盖的丰富内容为读者们全面地呈现出了目前跨境电商业界波澜壮阔的生态系统，从各个维度详细地介绍了跨境电商行业中所涉及的方方面面，同时，还将最新的行业动态、行业规范、行业实践赋予概念、理论和技能传授给读者，旨在让读者们能够通过本系列教材，快速地掌握跨境电商行业基础和前沿的知识和技能。衷心希望读者们都能通过阅读本系列教材，把握时代浪潮，抓住时代机遇，成为专业知识扎实、行业视野宽广、实战型的跨境电商人才！

葛　朗
2020.9.10

前言
Introducción

　　随着经济的全球化和互联网新技术的不断发展，跨境电商获得了蓬勃发展，它改变了世界经济生活的多个方面，打破了传统国际贸易的限制和形式，通过网络平台将各国之间的贸易紧密联系在一起，许多国家的社会各阶层都成为跨境电商巨大的消费群体。电子商务不仅增加了人们日常的交易和消费方式，也改变和影响了企业的营销、客服、采购等运营方式，在日常生活中扮演着越来越重要的角色。跨境电子商务作为商务的一种形式为许多企业带来了新的契机和拓展空间。

　　近年来随着"一带一路"沿线国家跨境电商交易规模快速增长，拉丁美洲国家与西班牙电商市场潜力巨大，中西、中拉跨境电商贸易不断扩大。许多西班牙语语言专业人才希望了解相应的跨境电商技能。而企业也确实需要兼备西班牙语语言专业和一定的跨境电商技能的复合型人才。

　　笔者在应用西班牙语专业五年教学实践的基础上，在跨境电商企业指导下编写了《跨境电商西班牙语》。本书按照跨境电商的工作流程和供应链上各个环节的外语岗位需求，以循序渐进的形式设计了七大章节。各章主要内容如下。

　　第一章，跨境电商平台，介绍了几大平台和西班牙本土的零售平台。

　　第二章，跨境电商与传统国际贸易，本章主要讲解这两种贸易的异同与联系。

　　第三章，平台运营，讲述具体网店运营方式如数据分析、选品、管理订单等。

　　第四章，网络产品与网络设计，讲解网店视觉设计特点、产品页的设计与理念等。

　　第五章，跨境电商营销与推广，讲述电商的几大营销方式，并通过成功案例分析营销策略和重要性。

　　第六章，客户服务，涉及了售前、售后服务的客服技巧等。

　　第七章，跨境电商物流与报关，讲述了几种常用的跨境电商物流形式和报关报检的要求与流程。

　　附录，收集了跨境电商西班牙语术语，不仅限于跨境电商单词，还有一些常用电商及商务用语、搭配、习惯用语和表达方式。

　　每个章节均包含三至四课，框架结构由浅入深：首先明确"学习目标""情景导入"为内容简介和热身部分，"学习内容"通过文章、对话以及图片的形式展现，之后是"词汇"和"练习"，根据每课内容，练习的形式不尽相同，"常用表达"总结了每个主题的一些表达方式并配以翻译，便于理解。"延伸阅读"部分的设计为课外拓展内容，针对有兴趣的同学，无需占用课时。另外需要指出的是，由于经济全球化，电商与商务西班牙语中受到一些外来词语影响，可直接使用外来词语，如，"e-commerce，电子商务""marketing，营销""Courier，快递""twitter，推特""online，线上"，等等。

《跨境电商西班牙语》是西班牙语语言、国际商务知识和跨境电商岗位实操技能相结合的专业教材，是语言应用与职业技能相结合的创新教材，是"西班牙语复合型人才培养"的大胆改革，充分体现了外语的服务性功能。通过全书不同学习模块的思辨路径拓展学习任务，整体设计将学生的西班牙语应用能力与弘扬社会主义核心价值观、中华优秀传统文化、改革创新的时代精神有效融合在一起，突出中国特色品牌的成功案例，培养具有浓厚的家国情怀、爱国主义精神以及开阔的国际视野的相关人才。本书可用于高校西班牙语专业教学，也适用于西班牙语专业技能应用与拓展。当然也适合有一定西班牙语基础者（欧盟语言教学与评估框架性共同标准 A1 级以上）自学。

本书编纂工作得到了许多人的帮助，特别是跨境电商企业的指导。编者本人曾经多年从事进出口、国际贸易和运营跨境电商业务。此外，上海外国语大学西班牙语系黄锦炎教授对本书提出了建设性意见。西班牙籍企业家 David Benet Saniger，西班牙籍作家 Miguel Molist Badiola 对本书进行了认真的审核并且也提出了修改意见。

由于跨境电商知识和技术日新月异、层出不穷，相应的教材需要与时俱进，不断更新和完善。尽管编者进行了多次修正，但是由于水平有限，书中不足在所难免，恳请广大读者赐教和指正。

编　者

2020 年 4 月

 扫二维码获取课程配套线上资源

目录 / Índice

1 **Unidad 1　Plataformas de Comercio Electrónico Transfronterizo**
　　第一章　　跨境电商平台

　　Lección 1　Alibaba Internacional y AliExpress　阿里巴巴国际站和全球速卖通　　2
　　Lección 2　Amazon　亚马逊　　8
　　Lección 3　eBay　易贝　　14
　　Lección 4　El Corte Inglés　英格列斯百货　　20

2 **Unidad 2　Comercio Electrónico Transfronterizo y Comercio Internacional Tradicional**
　　第二章　　跨境电商与传统国际贸易

　　Lección 1　Comercio Internacional Tradicional　传统国际贸易　　26
　　Lección 2　Comercio Internacional Tradicional — Consulta，Respuesta y Proceso
　　　　　　　 传统国际贸易——询价、回复与流程　　33
　　Lección 3　Comercio Electrónico Transfronterizo y Comercio Electrónico I
　　　　　　　 跨境电子商务与电子商务（一）　　41
　　Lección 4　Comercio Electrónico Transfronterizo y Comercio Electrónico II
　　　　　　　 跨境电子商务与电子商务（二）　　48

3 **Unidad 3　Proceso de Gestión**
　　第三章　　跨境电商平台运营

　　Lección 1　Análisis de Datos en Plataformas　平台数据分析　　56
　　Lección 2　Selección de Productos　跨境电商选品　　63
　　Lección 3　Publicación de Productos　产品发布　　71

| Lección 4 | Gestión de Pedidos　订单管理 | 78 |

4 Unidad 4　Diseño de Tiendas Online y Descripción de Productos
　　第四章　网店设计与产品描述

Lección 1	Características del Diseño Visual de Tiendas Online 网店视觉设计特点	86
Lección 2	Diseño de la Página de Detalles de Producto Online 产品详情页的设计	93
Lección 3	Diseño de una Tienda Online　网店设计	104
Lección 4	Tendencias del Diseño de Tiendas Online　网店设计理念	113

5 Unidad 5　Marketing y Promoción Digital
　　第五章　数字营销与推广

Lección 1	Objetivos Profesionales y Estrategias de Marketing Digital 数字营销目的与策略	124
Lección 2	Posicionamiento y Promoción　电商排序与推广	132
Lección 3	Video Marketing Online　网络视频营销	139
Lección 4	Marketing en Redes Sociales　社交媒体营销	147

6 Unidad 6　Atención al cliente
　　第六章　跨境电商客户服务

Lección 1	Importancia de la Atención al Cliente　客服交际的重要性	158
Lección 2	Estrategia de Comunicación con el Cliente I: Saludos y Descripción 客服交际技巧（一）：问候与产品介绍	164
Lección 3	Estrategia de Comunicación con el Cliente II: Precio, Forma de Pago y Descuento　客服交际技巧（二）：价格、支付方式与折扣促销	169
Lección 4	Servicio Postventa　售后服务	176

7 Unidad 7　Logística y Gestiones Aduaneras de Comercio Electrónico Transfronterizo
第七章　跨境电商物流与报关报检

Lección 1　Formas de Logística Transfronteriza（I）
跨境电商物流方式（一） 184

Lección 2　Formas de Logística Transfronteriza（II）
跨境电商物流方式（二） 192

Lección 3　Gestiones y Trámites Aduaneros
报关报检 200

Anexo　500 Expresiones de Términos de Comercio Electrónico Transfronterizo
附录　跨境电商西班牙语常用表达 500 句

500 Expresiones y Términos de Comercio Electrónico Transfronterizo
跨境电商西班牙语常用表达 500 句 210

Unidad 1
第一章

Plataformas de Comercio Electrónico Transfronterizo　跨境电商平台

Lección 1　Alibaba Internacional y AliExpress　阿里巴巴国际站和全球速卖通
Lección 2　Amazon　亚马逊
Lección 3　eBay　易贝
Lección 4　El Corte Inglés　英格列斯百货

Lección 1　Alibaba Internacional y AliExpress
阿里巴巴国际站和全球速卖通

 Objetivos　学习目标

— Conocer las plataformas de Alibaba Internacional AliExpress y su funcionamiento
　学习阿里巴巴国际站和全球速卖通平台及其运作方式
— Poder operar y gestionar en las plataformas de Alibaba internacional y AliExpress
　能够在阿里巴巴国际站和全球速卖通平台上处理日常业务与运营

Introducción 情景导入

阿里巴巴国际站和全球速卖通均是阿里巴巴旗下平台，是阿里巴巴为帮助中小企业接触海外终端，拓展利润空间而全力打造的融订单、支付、物流于一体的外贸在线交易平台，国际站针对的是大宗客户，全球速卖通则是面向最终消费者。

Tanto Alibaba Internacional como AliExpress pertenen al grupo chino, Alibaba. Estas plataformas reúnen el proceso completo de gestión de pedidos, pagos y logística, y están dirigidas principalmente a empresas medianas y pequeñas, para que alcancen el mercado final exterior y así ampliar sus beneficios. Alibaba Internacional se dirige a mayoristas y AliExpress a consumidores finales.

Curiosidades 任务驱动

1. Contesta a las preguntas. 请回答以下问题。

¿Qué es Aliexpress?

¿De qué grupo es Aliexpress?

2. Escribe el significado de las palabras en chino. 请用中文注释下列词语。

1) AliExpress _____   2) Alibaba _____

3) plataforma _____   4) compra _____

5) producto _____   6) bazar _____

7) tienda online _____   8) cliente _____

9) reto _____   10) centro comercial _____

11) empresa _____

Aprendemos 学习内容

❶

Ana: Hola, tengo que comprar unos platos, cuchillos y tenedores para mi casa. ¿Sabes dónde puedo comprarlos?

Benjamín: Ah, ¿por qué no compras por Internet?

Ana: Buena idea. Será más barato, ¿no?

Benjamín: Claro, es más barato y además te lo traen a casa.

Ana: ¡Qué bien! ¿En qué plataforma puedo hacer la compra?

Benjamín: Pues te recomiendo AliExpress.

Ana: ¿Qué es AliExpress?

Benjamín：AliExpress pertenece al grupo chino, Alibaba.

Ana：¿Qué venden en esta plataforma?

Benjamín：Venden productos de China. Seguro que encontrarás lo que necesitas para tu cocina.

Ana：Vale, muchas gracias. Ahora voy a visitar esta página web.

Ⅱ

AliExpress es una de las plataformas de Alibaba, un grupo empresarial que cuenta con varias plataformas y servicios como www.tmall.com, www.tabao.com y www.alibaba.com. Esta última es una plataforma de venta mayorista y que fue la página con la que nació el grupo Alibaba.

Quienes compran en www.alibaba.com son empresas o fábricas y los usuarios de *tmall. com* y *taobao.com* son consumidores finales de China. Sin embargo, AliExpress es de venta minorista hacia el mercado fuera de China. Los vendedores de AliExpress son profesionales, es decir, empresas o mayoristas. Los usuarios de Aliexpress son consumidores finales. Esta forma de venta en China se denomina *B to C*, que significa "empresas a consumidores", por lo tanto, pueden ofrecer precios mucho más bajos que otras plataformas.

Vocabulario 词汇

comprar	tr.	购买，采购	grupo	m.	集团
por Internet		通过网络	Alibaba		阿里巴巴（集团）
Aliexpress		全球速卖通	seguro, ra	adj.	确定的
traer	tr.	带来，送来	empresarial	adj.	企业的
plataforma	f.	平台	contar con		具有
pertenecer	intr.	属于	significar	tr.	意味着

Ejercicios 练习

3. Elige la opción más correcta según el contenido de los textos. 根据课文内容选择正确答案。

1) ¿Cuál es el origen de los productos que se venden en AliExpress?

    A. De América.   B. De España.   C. De China.

2) ¿Para qué quiere comprar productos Ana?

A. Para su oficina.

   B. Para su cocina

   C. Para su dormitorio.

3) ¿Dónde le recomienda comprar Benjamín a Ana?

   A. Por Internet.

   B. En una tienda física.

   C. En un centro comercial.

4) ¿De qué grupo es AliExpress?

   A. Del grupo Amazon.

   B. Del grupo Alibaba.

   C. Del grupo eBay.

5) ¿Qué va a hacer Ana después de hablar con su amigo?

   A. Irá a una tienda online.

   B. Irá al cine.

   C. Irá a visitar la página.

4. Relaciona la interpretación china con la expresión española correspondiente. 词汇与意义连线。

grupo empresarial	具有
contar con	企业集团
servicio	批发商
mayorista	然而
minorista	服务
usuarios	工厂
consumidor final	用户
fábrica	零售商
sin embargo	终端消费者
denominarse	专业的
profesional	命名

5. Lee el texto y rellena con la palabra correcta los espacios en blanco. 请阅读短文并选择恰当的词语填空。

AliExpress, el gran __1)__ online de marcas chinas de Alibabá, apuesta por España.

Según AliExpress, España es su quinto mercado a __2)__ mundial y el primero europeo (sin contar Rusia). El __3)__ de este gran bazar chino online (en el que puedes encontrar, según sus propios datos, más de cien millones de productos "a precios muy baratos") no es sólo conseguir clientes, sino también crear una nueva forma de vida. Actualmente AliExpress se esfuerza para cambiar la __4)__ de sus productos: baratos pero de muy mala calidad. De esta forma consigue no solo __5)__ a todos estos clientes, sino que tengan en AliExpress su opción de compra diaria para cualquier cosa que necesiten y __6)__ la experiencia de compra.

> nivel   retener   mejorar   bazar   reto   concepción

Elige la opción más correcta según el contenido del artículo. 根据文章内容选择正确答案。

1) ¿Cuál de las siguientes afirmaciones es verdadera?

   A. España es el primer mercado mundial de AliExpress.

   B. España es el quinto mercado mundial de AliExpress.

   C. Rusia es el quinto mercado mundial de AliExpress.

2) En AliExpress puedes encontrar _____ de productos.

   A. 10 millones   B. 100 millones   C. 1000 millones

3) En AliExpress se venden marcas _____.

   A. de todos los países   B. europeas   C. chinas

4) AliExpress aspira a que los clientes compren cualquier cosa en su página _____.

   A. todos los días   B. cada semana   C. en sus vacaciones

5) ¿A qué reto se enfrenta AliExpress?

   A. Retener a todos los clientes.

   B. Que sea la opción de compra diaria de sus clientes.

   C. Mantener a todos los clientes y que tengan buena experiencia de compra.

Frases usuales　常用表达

Hablar de la compra por Internet. 谈论网购。

1) ¿Por qué no compras por Internet?　你为什么不网购？

2) ¿En qué plataforma puedo hacer la compra?　我可以在哪个平台上购物？

6. Lee las siguientes frases y tradúcelas. 阅读下列句子并翻译。

1) — ¿Qué venden en esta plataforma?

   — Venden productos de China.

2) Ahora voy a visitar esta página web.

3) Según AliExpress, España es su quinto mercado a nivel mundial.

4) AliExpress enfrenta ahora el reto de cambiar la concepción de sus productos: baratos, pero de muy mala calidad.

Ampliación 拓展延伸

7. Lee y reflexiona. 阅读并思考。

AliExpress es la segunda plataforma de negocio online en España, por detrás de Amazon, y seguida por eBay. El comercio electrónico está muy implantado en China, donde goza de una penetración del 25%. "En España, por ejemplo, roza el 10%. Por eso no vemos a otras firmas de comercio electrónico como competidores: la tarta es lo suficientemente grande para todos", apunta la Directora de Relaciones Públicas de AliExpress.

AliExpress enfrenta ahora el reto de cambiar la concepción de sus productos: baratos pero de muy mala calidad. El primer paso ha sido establecer almacenes en suelo español, que les ha permitido reducir el tiempo de envío de tres semanas a menos de tres días para la mayoría de productos. Una decisión que ha repercutido en la satisfacción de sus clientes.

(Parte adaptada de https: //elpais.com/economia/2019/06/21/actualidad/1561114350_867637.html)

> 全球速卖通（AliExpress）是阿里巴巴为帮助中小企业接触海外终端，拓展利润空间而全力打造的融合订单、支付、物流于一体的外贸在线交易平台。速卖通平台通过互联网的方式缩短优化外贸产业供应链，帮助中国商家获得更高的利润。2009年速卖通成立，2010年对外开放免费注册，目前已覆盖220多个国家和地区的海外买家。速卖通在西班牙、智利等西班牙语国家是非常重要的购物网站和交易平台。

Contesta en base a la lectura. 根据阅读内容回答问题。

1) ¿Es España el mercado más grande de Alibaba en Europa?
2) ¿A qué reto se enfrenta AliExpress actualmente?
3) ¿En qué ha favorecido a AliExpress el hecho de establecer almacenes en España?

Lección 2　　Amazon
亚马逊

Objetivos　学习目标

— Conocer la plataforma Amazon y su funcionamiento
  学习亚马逊平台及其运作方式
— Poder operar y tratar asuntos cotidianos en Amazon
  能够在亚马逊平台上处理日常运营业务

Introducción　情景导入

亚马逊成立于 1995 年，创始人为 Jeff Bezos，最初为网络书店，1997 年转变为综合网络零售商。2001 年，亚马逊开始推广第三方开放平台，2007 年开始向第三方卖家提供外包物流服务，逐渐成为全球最大的综合服务提供商。Amazon 分为北美平台、欧洲平台、亚洲平台。其中欧洲平台主要分为：英、德、意、法、西班牙亚马逊。

　　La compañía Amazon fue fundada en 1995 por Jeff Bezos. Comenzó como una librería online, hasta que en el 1997 se transformó en un comercio minorista online integral. En 2001 Amazon empezó a promocionar su plataforma a terceros vendedores y no fue hasta el 2007 que empezó a ofrecerles servicios de logística. Se ha ido convirtiendo en la plataforma más diversificada con todo tipo de productos y es la más potente de diversos servicios. Amazon opera en diferentes países europeos, teniendo sedes en Reino Unido, Alemania, Italia, Francia y España.

Curiosidades 任务驱动

1. Contesta a las preguntas. 回答下列问题。

1) ¿Qué es Amazon?

2) ¿De dónde es Amazon?

2. Escribe el significado de las palabras en chino. 请用中文注释下列词语。

1) Amazon _____   2) EE. UU. _____
3) plataforma _____   4) marketplace _____
5) comercio electrónico _____   6) transformarse _____
7) tienda por Internet _____   8) montar _____
9) negocio _____   10) producto _____
11) electrónico _____   12) grupo _____

Aprendemos 学习内容

Felipe: Hola Ana, ¿qué tal? ¡Cuánto tiempo sin vernos!

Ana: Hola Felipe, ¡sí! ¡Cuánto tiempo!

Felipe: ¿Qué tal todo?

Ana: No muy bien.

Felipe: ¿Qué te pasa?

Ana: Es que ya llevo varios meses en paro y no encuentro trabajo.

Felipe: ¡Vaya! Lo siento mucho.

Ana: ¿Y tú qué tal?

Felipe: Yo muy bien, porque he montado mi negocio.

Ana: ¡No me digas! ¡Qué bien!

Felipe: En realidad he montado una tienda online.

Ana: ¿Ah sí?

Felipe: Sí, sí, en la plataforma de Amazon.

Ana： ¿Qué es lo que vendes en tu tienda por Internet?

Felipe： Productos electrónicos.

Ana： ¡Felicidades! Ahora voy a visitar esta página web.

Felipe： Si no encuentras trabajo, también puedes pensar en montar una tienda por Internet en Amazon.

Ana： Buena idea, me lo voy a pensar.

Amazon es la plataforma del comercio electrónico más potente de EE.UU., fundada en 1995. Era una tienda de libros online. En 1997 se transformó en un Marketplace de todo tipo de productos.

Amazon tiene sus Marketplaces americano, europeo y asiático. En Europa sus principales marketplaces son Amazon Inglaterra, Alemania, Italia, Francia y España.

Los vendedores de Amazon se dividen en profesionales o individuales. Les cobran una comisión mensual de acuerdo con las ventas. Además, los profesionales también pagan una cuota fija mensual a la plataforma.

Vocabulario 词汇

montar	tr.	开设	dividirse	prnl.	分为
comercio electrónico		电子商务	comisión	f.	佣金
potente	adj.	强大的	cuota	f.	份额

Ejercicios 练习

3. Elige la opción más correcta según el contenido de los textos. 根据课文内容选择正确答案。

1) Últimamente Ana y Felipe se ven _____.

   A. frecuentemente   B. de vez en cuando   C. muy poco

2) ¿Qué significa estar en paro?

   A. Trabajar en una oficina.   B. no tener trabajo.   C. estar en casa.

3) ¿Qué ha hecho Felipe últimamente?

   A. Ha montado una tienda online.

   B. Trabaja en una tienda física.

   C. Trabaja para otros.

4) ¿Qué negocio hace Felipe?

　　A. Vende ropa.

　　B. Vende productos electrodomésticos.

　　C. Vende productos electrónicos.

5) ¿Qué va a hacer probablemente Ana después de hablar con su amigo?

　　A. Montará una tienda online con Felipe.

　　B. Visitará la página Amazon.

　　C. Comprará en la página Amazon.

4. Relaciona la interpretación china con la expresión española correspondiente. 词汇与意义连线。

potente	平台市场
fundada	固定费用
marketplace	分为
dividirse	收取
cuota fija	强大的
cobrar	每月的
comisión	佣金
mensual	建立于

5. Lee el texto y rellena con la palabra correcta los espacios en blanco. 请阅读短文并选择恰当的词语填空。

Experiencia de *Amazon.com* en español

Como ___1)___ de habla hispana, puedes ___2)___ de una experiencia de compra más conveniente en Amazon.com cambiando tu idioma de ___3)___ del inglés al español. Puedes comprar de nuestra vasta ___4)___ en Amazon.com aprovechando millones de páginas de productos y muchas otras ___5)___ útiles de la página web, como la sección "Tu cuenta", traducidas al español. Este servicio además te ___6)___ la navegación, la atención al cliente por correo electrónico, chat y soporte telefónico, la ___7)___ de pedidos y la información de envío en español.

Estamos ___8)___ continuamente la experiencia de Amazon.com en español y muchas de nuestras funciones están disponibles en español.

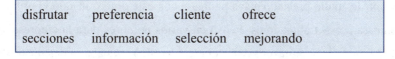

disfrutar	preferencia	cliente	ofrece
secciones	información	selección	mejorando

Frases usuales　常用表达

Hablar de alguna plataforma. 谈论电商平台。

1) Amazon es la plataforma del comercio electrónico más potente de EE.UU., fundada en 1995.
亚马逊在美国是实力最强的电商平台，成立于 1995 年。

2) Puedes comprar de nuestra vasta selección en www.amazon.com aprovechando millones de páginas de productos.
你可以在 www.amazon.com 平台上，数千个产品页的众多的选择中购物。

6. Lee las siguientes frases y tradúcelas. 阅读下列句子并翻译。

1) Los vendedores de Amazon se dividen en profesionales o individuales. Les cobran una comisión mensual de acuerdo con las ventas.

2) Con el paso de los años, Jeff Bezos comprendió que la compra / venta de productos y servicios vía web u otros medios electrónicos sería un gran campo para explorar.

3) Hizo una lista de los 20 productos comprados con más frecuencia y vio que vender libros era la mejor opción.

4) El éxito de Amazon, ha sido, pensar en las personas como clientes y no como consumidores, siempre cuidando la calidad y lo que realmente los clientes desean.

Ampliación　拓展延伸

7. Lee y reflexiona. 阅读并思考。

Jeff Bezos, el fundador de Amazon, es el hombre más rico del mundo. Leer este caso de éxito nos sirve de inspiración y también nos puede motivar a luchar por lo que siempre hemos soñado: montar y diseñar nuestra propia tienda online.

Jeff Bezos es una persona inquieta y curiosa. Con el paso de los años, comprendió que la compra / venta de productos y servicios vía web u otros medios electrónicos sería un gran campo para explorar. En 1994 leyendo un informe, descubrió que el uso de Internet había crecido un 2300% solamente ese año ... y pensó en su plan de negocio.

Hizo una lista de los 20 productos comprados con más frecuencia y vio que vender libros era la mejor opción. Jeff les pidió prestado a sus padres y con este dinero instaló la primera oficina en el garaje de su casa con 4 trabajadores. Pensó en varios nombres para la empresa, pero al final decidió llamarla como el río Amazonas, porque era exótico, sonaba majestuoso y empieza con la letra A.

En 1995 se lanzó la web amazon.com y, ya en los primeros dos meses, Amazon vendía en 45 países e ingresaba unos 20.000 dólares por semana. Hoy en día, Amazon se ha convertido en la compañía más valorada en el mundo del Ecommerce. El éxito de ésta, ha sido, pensar en las personas como clientes y no como consumidores, siempre cuidando la calidad y lo que realmente los clientes desean.

> 亚马逊是美国最大的电子商务公司，成立于1995年，初期定位是网络书店，1997年转变为最大的综合网络零售商。
>
> 2001年亚马逊开始推广第三方开放平台(Marketplace)，2002年推出网络服务AWS，2007年开始向第三方卖家提供外包物流服务，逐渐成为一家综合服务提供商。
>
> Amazon分为北美平台、欧洲平台、亚洲平台。其中欧洲平台主要分为：英、德、意、法、西班牙亚马逊。
>
> 亚马逊分为专业卖家和个人卖家，在收费上：专业卖家每月收取39.99美元固定费用，个人卖家按照每笔0.99美元手续费收取。此外，亚马逊还会收取一定比例的交易费，产品不同，收取比例不同。

Contesta en base a la lectura. 根据阅读内容回答问题。

1) ¿Cuál es el origen de Amazon?

2) ¿Cobran igual a los vendedores profesionales y a los individuales?

3) ¿Qué te parece esta plataforma?

Lección 3　　eBay
易贝

 Objetivos　学习目标

— Conocer la plataforma eBay y su funcionamiento
　学习易贝平台及其运营
— Poder operar y tratar los asuntos cotidianos en la plataforma eBay
　能够在易贝平台上运营日常业务

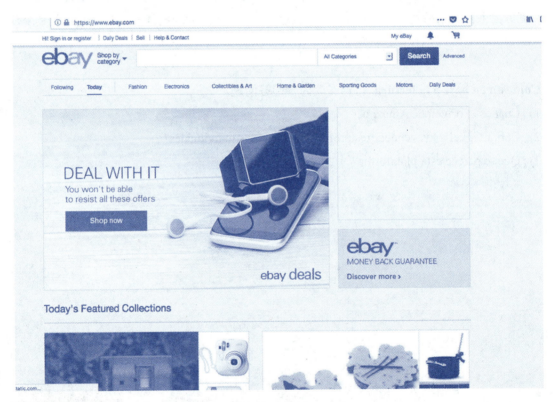

（图片来源：www.ebay.com。）

Introducción　情景导入

易贝平台成立于1995年，由皮埃尔·奥米迪亚创建。成立之初是创始人为了帮助女友在全美寻找某品牌的糖果盒爱好者并能够与之交流。于是，皮埃尔决定创建一家线上拍卖网站，结果却大受欢迎。易贝一开始就定位于全球网民买卖物品的线上拍卖及购物网站。它主要有两种销售方式：拍卖和一口价。通过拍卖的方式，出价高者获得产品。一口价则不议价。

La plataforma eBay fue fundada en 1995 por Pierre Omidyar. El objetivo era ayudar a su novia a buscar los aficionados de las figuras de caramelo de una marca y poder intercambiarlas con éstos. Entonces Pierre decidió crear una plataforma de subastas online. Sin embargo, este proyecto se acabó convirtiendo en una página web muy popular. Desde el inicio eBay se posiciona en subastas y ventas online para todos los internautas a nivel global. Las principales formas de venta son "subasta" y "cómpralo ya". A través de subastas, quien paga más se lleva el artículo, en "cómpralo ya" no se negocio el precio.

Curiosidades 任务驱动

1. Contesta a las preguntas. 回答下列问题。

1) ¿Sabes algo de eBay?

2) ¿De dónde es eBay?

2. Escribe el significado de las palabras en chino. 请用中文注释下列词语。

1) eBay _____
2) PayPal _____
3) vender _____
4) tarjeta de crédito _____
5) ponerse nervioso _____
6) transacción _____
7) película de acción _____
8) entrevista _____
9) abrir _____
10) contra reembolso _____

Aprendemos 学习内容

Emilio: Buenos días Raquel, esta tarde estrenan una película de acción, ¿quieres venir conmigo?

Raquel: Esta tarde no puedo ir al cine contigo.

Emilio: ¿Porqué? ¿no te gusta ver películas?

Raquel: Me gusta mucho, pero esta tarde tengo una entrevista muy importante.

Emilio: Ah, ¡No lo sabía!

Raquel: Ya sabes que llevo buscando trabajo desde hace 4 meses y por fin me ha salido una oportunidad.

Emilio: ¡Es verdad! Espero que te vaya bien en la entrevista, pero no te pongas nerviosa si no te sale bien. Tampoco importa tanto. Mira, ahora mi tienda en eBay va muy bien.

Raquel: ¿Ah sí? ¡Qué bien! Pero, ¿qué es eBay? No lo conozco mucho.

Emilio: Pues eBay es una plataforma online donde se venden productos. Cada mes vendo bastantes cosméticos.

Raquel: Vaya, no lo sabía. Si no me contratan quizá también puedo intentar abrir una tienda en eBay.

Emilio: Sí, buena idea.

Raquel: ¡Uy! Voy un poco tarde. Tengo que irme. Ya quedaremos para hablar de la tienda online un día.

Emilio: Vale, muy bien.

eBay fue fundada en 1995 en EE. UU. La plataforma de eBay clasifica las formas de venta en dos tipos: "subasta de productos" y "cómpralo ya". eBay es uno de los pioneros en este tipo de transacciones. Desde 2002 y hasta 2015, fue propietaria de PayPal.

- **Subasta:** es la transacción más común en eBay. El vendedor elige, por sus características, un precio de salida y una duración determinada para el anuncio y mientras dure ese período de tiempo, los compradores pujarán por ella. El pagador que ofrece el precio más alto se lleva el artículo, bajo las condiciones de entrega y devoluciones impuestas por el vendedor.

- **¡Cómpralo ya!:** el vendedor establece un precio fijo y, si el demandante está dispuesto a pagarlo, será suyo.

Vocabulario 词汇

estrenar	tr.	首映	subasta	f.	竞拍
película de acción		动作片	pionero	m.	先锋
cosmético	m.	化妆品	vendedor	m.	卖家
Cómpralo ya		一口价	clasificar	tr.	分类

Ejercicios 练习

3. Elige la opción más adecuada según el contenido de los textos. 根据课文内容选择正确答案。

1) ¿A dónde quiere ir esta tarde Emilio?

    A. A la universidad.   B. Al cine.   C. Al teatro.

2) ¿Cuánto tiempo lleva buscando trabajo Raquel?

   A. Dos meses.   B. Cinco meses.   C. Cuatro meses.

3) ¿Qué hace Emilio?

   A. Ha montado una tienda online.

   B. Trabaja en una tienda física.

   C. Trabaja para otros.

4) ¿Qué vende Emilio?

   A. Ropa.

   B. Productos domésticos.

   C. Productos cosméticos.

5) ¿Qué va a hacer Raquel después de hablar con su amigo?

   A. Va a montar una tienda online.

   B. Va a la entrevista de trabajo.

   C. Va a visitar la página eBay.

4. Relaciona la interpretación china con la expresión española correspondiente. 词汇与意义连线。

clasificar	交易
las formas de venta	销售方式
coleccionar	种类
tipo	分类
transacción	拍卖
subasta	收集
cómpralo ya	一口价
pioneros	出价，竞价
vendedor	销售员
pone un precio de salida	定价
pujar por	先锋
inservible	不能用的

5. Lee el texto y rellena con la palabra correcta los espacios en blanco. 请阅读短文并选择恰当的词语填空。

eBay fue fundada en ___1)___ en San José, ___2)___ en EE.UU.; el primer ___3)___ vendido fue un puntero láser (激光笔) ___4)___, por un precio de 14,83 dólares. Asombrado, el fundador Omidyar contactó con el ___5)___ de la subasta con el fin de averiguar si realmente éste entendía lo que había comprado. La respuesta fue más asombrosa aún:《Me gusta ___6)___ punteros láser inservibles》.

La forma de pago en esta plataforma es muy flexible. El vendedor puede ___7)___ su propia política de pagos: PayPal, tarjeta de crédito, ___8)___ bancaria o contra ___9)___ en el momento de la recepción del pedido.

| coleccionar | ganador | artículo | California | 1995 |
| inservible | transferencia | reembolso | establecer | |

Frases usuales   常用表达

Expresar deseos. 表达愿望。

1) Mira, ahora mi tienda en eBay va muy bien. 你看，我在易贝上开的店很不错。

Hablar de precios, ventas ... 谈论价格、销售……

2) La plataforma de eBay clasifica las formas de venta en dos tipos.
   易贝平台将销售方式分为两种。

6. Lee las siguientes frases y tradúcelas. 阅读下列句子并翻译。

1) Espero que te vaya bien en la entrevista.
2) El pagador más alto se lleva el artículo.
3) La forma de pago en esta plataforma es muy flexible.
4) El vendedor establece un precio de salida.

Ampliación   拓展延伸

7. Lee y reflexiona. 阅读并思考。

En 1995, cuando la novia de Pierre Omidyar, que era coleccionista de las figuras que regalaban con los caramelos PEZ, le dijo que quería ampliar su colección. Entonces Pierre decidió crear una plataforma de subastas online, con la idea de que los coleccionistas de esas figuras de todos Estados Unidos, pudieran venderlas e intercambiarlas. Este proyecto, se acabó convirtiendo en una página web llamada Auction Web.

En septiembre de 1997, cambió su nombre a eBay, tras alcanzar varios hitos empresariales: haber desarrollado uno de los primeros foros de sugerencias para generar confianza online, haber alcanzado su millonésima venta (un juguete de la recordada serie infantil Barrio Sésamo) y que se llevasen a cabo 2 millones de subastas en eBay.

Iba a poner el nombre «echobay» pero le dijeron que este nombre ya había sido registrado. Para no hacer un segundo viaje registró el nombre "eBay".

eBay 成立于 1995 年，当时 Omidyar 创建 eBay 是为了帮助女友在全美寻找 Pez 糖果爱好者并且进行交流，随后 eBay 却大受欢迎。成立之初 eBay 就定位于全球网民买卖物品的线上拍卖及购物网站。

在 eBay 平台上有两种销售方式：拍卖和一口价。销售方式不同，eBay 收取的费用也不同，通常情况是按照"刊登费"加上"成交费"计算，即：产品发布费＋成交佣金。

8. **Contesta en base a la lectura.** 根据阅读内容回答问题。

1) ¿En qué año se fundó eBay?

2) ¿Qué te parece esta página web?

Lección 4　　El Corte Inglés
英格列斯百货

Objetivos　　学习目标

— Conocer el grupo de El Corte Inglés
　了解英格列斯百货集团
— Conocer los servicios que ofrece online
　了解英格列斯网络服务
— Saber hablar de El Corte Inglés y analizar sus servicios
　能够谈论英格列斯集团并分析其服务

（图片来源：英格列斯官网截图。）

Introducción 情景导入

El Corte Inglés，英格列斯百货，西班牙最大的百货集团，名称源自 1890 年开设于马德里的一家裁缝铺。1935 年在叔叔的资助下，Ramón Areces Rodríguez 收购了这家裁缝铺，并且开始了他的创业之路。经过多年的改革与扩张，今天的英格列斯百货在西班牙和葡萄牙共拥有上百家高级百货商店。该公司凭借其创新精神和多样的产品从同行业中脱颖而出，其网络平台 www.elcorteingles.es 的线上的销量年年攀升。

El Corte Inglés, el grupo de centros comerciales más potente de España, tomó su nombre de una pequeña sastrería fundada en 1890 en Madrid, que se desarrolló progresivamente en grandes almacénes. En 1935, Ramón Areces Rodríguez, avalado por su tío, compró la sastrería, comenzando así su aventura empresarial. Tras muchos años de reformas y expansiones, hoy en día El Corte inglés cuenta con más de 100 centros comerciales tanto en España como en Portugal. Destaca en el sector gracias a su espíritu renovador y variedad de productos. Sus ventas online a través de *www.elcorteingles.es* van aumentando cada año.

Curiosidades 任务驱动

1. Contesta a las preguntas. 请回答下列问题。

¿Sabes algo de El Corte Inglés? ¿Qué productos hay en elcorteingles.es?

¿De qué país es El Corte Inglés?

2. Escribe el significado de las palabras en chino. 请用中文注释下列词语。

1) El Corte Inglés _____   2) centro _____
3) comercial _____   4) Portugal _____
5) manufacturados _____   6) pago _____
7) internacional _____   8) vender _____
9) consola _____   10) información _____

Aprendemos 学习内容

Zhao Yiqing: Oye Raquel, ¿este bolso que llevas es muy bonito, ¿dónde lo has comprado?

　　Raquel: Lo compré por Internet en la página web de El Corte Inglés.

Zhao Yiqing: ¿El Corte Inglés?

　　Raquel: Sí, ¿no lo conoces? Es el centro comercial más potente de toda España.

Zhao Yiqing: No lo sabía, porque aún no he ido a este país. Quizás este verano voy a visitarla.

　　Raquel: Pues, El Corte Inglés tiene centros comerciales en casi todas las ciudades de España y también muchos centros en Portugal.

Zhao Yiqing：¡Vaya, vaya! ¿Puedes decirme la dirección de la página?

Raquel：Sí, claro, es www.elcorteingles.es.

Zhao Yiqing：¡Vale! Muy bien. Luego voy a visitarla para comprar algo. Es que me gustan mucho los productos de España.

Raquel：Pues en la página web de El Corte Inglés vas a encontrar todo lo que necesites, porque allí venden de todo：ropa, zapatos, bolsos, joyas, consolas, juguetes, etc.

Zhao Yiqing：¡Qué bien! La moda de España es mi preferida. Hoy después de las clases iré a visitar la página. Seguro que compraré mucho.

Raquel：Pues, mucha suerte y que te vaya bien la compra. También busca ofertas.

Zhao Yiqing：Sí, claro. Espero que haya muchas rebajas. Muchas gracias por tu información. ¡Hasta luego!

Raquel：¡Adiós!

Vocabulario 词汇

El Corte Inglés		（原意：英式裁剪）英格列斯百货
centro comercial		商场
moda	*f.*	时尚

Ejercicios 练习

3. Elige la opción más adecuada según el contenido de los textos. 根据课文内容选择正确答案。

1) El bolso que lleva Raquel, lo ha comprado en _____.

   A. una tienda física

   B. la página web de eBay

   C. la tienda online de El Corte Inglés

2) El Corte Inglés es una cadena de _____.

   A. tiendas online americana

   B. centros comerciales

   C. tiendas físicas europeas

3) El nombre de El Corte Inglés se remonta a _____.

   A. una sastrería

   B. una calle

   C. un centro comercial

4) En la página web de El Corte Inglés se venden _____.

    A. bienes inmuebles

    B. coches

    C. ropa

5) A Zhao Yiqing le gusta mucho _____.

    A. la moda de España

    B. los productos españoles

    C. la cultura española

4. Relaciona la interpretación china con la expresión española correspondiente. 词汇与意义连线。

rebajas	最爱
suerte	特价
favorita	时尚
moda	好运
joya	首饰、珠宝
visitar	玩具
consola	葡萄牙
juguete	访问
España	西班牙
Portugal	游戏机

5. Lee el texto y rellena con la palabra correcta los espacios en blanco. 请阅读短文并选择恰当的词语填空。

El Corte Inglés es la __1)__ más potente de centros comerciales de Europa, y la tercera mundial. Cuenta con unos 83 __2)__ comerciales tanto en España como en Portugal. Su __3)__ se remonta a una sastrería y de aquí __4)__ su nombre. Se fundó en 1935 y hasta el día de hoy día es el grupo más fuerte de __5)__ de España. Su __6)__ online anual sobrepasa los 1.100 millones de Euros.

> cadena   centros   origen   proviene   consumo   facturación

Frases usuales 常用表达

Hablar de El Corte Inglés y su página web. 谈论英格列斯百货商场及其网页。

1) ¿Puedes decirme la dirección de la página? 你可以告诉我网址吗？

2) Luego voy a visitarla para comprar algo. 我稍后访问它，买点东西。

6. Lee las siguientes frases y tradúcelas. 阅读下列句子并翻译。

1) El Corte Ingles tiene centros comerciales en casi todas las ciudades de España.

2) En la página de El Corte Inglés vas a encontrar todo lo que necesites, porque allí venden de todo.

3) El Corte Inglés toma su nombre de una pequeña sastrería fundada en 1890 en Madrid.

 Ampliación 拓展延伸

7. Lee y reflexiona. 阅读并思考。

El Corte Inglés toma su nombre de una pequeña sastrería fundada en 1890 y situada entre las calles Preciados, Carmen y Rompelanzas, de Madrid.

En 1935, Ramón Areces Rodríguez, avalado por su tío César Rodríguez, compró la sastrería, comenzando así su aventura empresarial.

Ahora es la cadena más potente de centros comerciales de Europa, y la tercera a nivel mundial.

8. Contesta en base a la lectura. 根据阅读内容回答问题。

1) ¿Qué te ha parecido este grupo El Corte Inglés?

2) Junto con uno de tus compañeros, navegad por elcorteingles.es e intentat buscar los productos que os interesan.

3) ¿Comprarías en la página de El Corte Inglés?

Unidad 2
第二章

Comercio Electrónico Transfronterizo y Comercio Internacional Tradicional
跨境电商与传统国际贸易

Lección 1　Comercio Internacional Tradicional
　　　　　传统国际贸易

Lección 2　Comercio Internacional Tradicional — Consulta, Respuesta y Proceso
　　　　　传统国际贸易——询价、回复与流程

Lección 3　Comercio Electrónico Transfronterizo y Comercio Electrónico I
　　　　　跨境电子商务与电子商务（一）

Lección 4　Comercio Electrónico Transfronterizo y Comercio Electrónico II
　　　　　跨境电子商务与电子商务（二）

Lección 1　Comercio Internacional Tradicional
传统国际贸易

Objetivos　学习目标

— Conocer qué es el comercio internacional tradicional
　了解什么是传统国际贸易
— Conocer el proceso del comercio internacional tradicional
　了解传统国际贸易的基本流程
— Posicionar correctamente tu propio negocio
　能够自身精准定位

Introducción　情景导入

　　国际贸易指两国、多国或经贸区之间的商品、产品和服务的交换活动，也称为进出口贸易。进出口贸易可以调节国内生产要素的利用率，改善国际间的供求关系，调整经济结构，增加财政收入等。本课通过描述和对话来介绍传统国际贸易。

　　El comercio internacional se define como intercambio de bienes, productos y servicios entre dos o más países o regiones económicas. También se llama comercio de importación o exportación, y permite aprovechar al máximo los factores de producción internos, mejorar el suministro y demanda internacional, ajustar la estructura económica y aumentar el ingreso fiscal, etc. En esta lección aprendemos todo lo referente al comercio internacional tradicional a través de explicaciones y diálogos.

Curiosidades　任务驱动

1. Lee y contesta a las preguntas. 阅读并回答问题。

COMERCIO INTERNACIONAL
DEFINICIÓN

Comercio internacional o mundial es el intercambio de bienes, productos y servicios entre dos o más países o regiones económicas. Esta práctica permite a través del librecambio, aumentar el bienestar de los países.

(https://www.monografias.com/trabajos91/teoria-del-comercio-internacional-politica-comercial/teoria-del-comercio-internacional-politica-comercial.shtml)

1) ¿Qué es comercio internacional?

2) ¿Qué es importar?

3) ¿Qué es exportar?

2. Escribe el significado de las palabras en chino. 请用中文注释下列词语。

1) importación _____   2) exportación _____
3) divisa _____   4) adquisición _____
5) bienes _____   6) aduana _____
7) arancel _____   8) despachar _____
9) marco legal _____   10) consultoría _____

Aprendemos 学习内容

Comercio Internacional

Comercio internacional se define como comercio mundial, al intercambio de bienes, productos y servicios entre dos o más países o regiones económicas.

Importación y exportación es la forma representativa del comercio internacional. El significado del primer concepto es la compra de bienes o servicios provenientes de empresas extranjeras para introducirla al consumo en el país receptor.

Por otra parte, lo opuesto a este término es la exportación. Entonces, ¿qué significa dicho término? Es el envío de mercancías nacionales para su uso o consumo en el exterior. Es la actividad comercial en la que un producto o servicio se vende a otra nación, produciendo una entrada de divisas.

Tanto la importación como la exportación siempre se efectúan en un marco legal y bajo condiciones estipuladas entre los países participantes en la transacción comercial. Ejemplos de ello serían pasar por las aduanas, pagar los aranceles, despachar la mercancía y entrar en el territorio nacional.

Una consulta de importación y exportación

Señor Xiao Yiheng quiere importar y exportar productos de cama entre China y España. Va a visitar una consultoría y a tener una reunión con la Señora Raquel Ramos, una asesora de la consultoría.

Sr. Xiao: !Buenos días, señora Ramos! Mire, hoy he venido para consultarle cómo puedo importar y exportar.

Sra. Ramos: Muy bien. Cuénteme un poco de qué va su negocio.

Sr. Xiao: Tengo una fábrica de productos de cama, como edredones, sábanas, pijamas etc. Mi marca es muy conocida en China. Me gustaría vender mis productos en España.

Sra. Ramos: Usted lo puede hacer de varias formas. Una es exportar directamente. Esto es el comercio internacional tradicional. Para ello necesita encontrar un distribuidor en España y exportarle sus productos.

Sr. Xiao: Suena bien, pero mi empresa no tiene licencia de importación y exportación.

Sra. Ramos: Entonces es necesario buscar una empresa con la licencia para llevar el proceso de exportación y hacer los trámites para pasar por las aduanas.

Sr. Xiao: De acuerdo. ¿Cuáles son las otras formas?

Sra. Ramos: Pues, usted puede realizar comercio electrónico transfronterizo. Es decir, montar una tienda online en Amazon, eBay, o AliExpress y vender a los consumidores extranjeros directamente.

Sr. Xiao: ¿Cómo llega la mercancía a los consumidores?

Sra. Ramos: Pues, puede enviarla por Courier o por correos. Si su cliente está en España, va a tardar unos 20 o 30 días en llegar a su destino.

Sr. Xiao: ¿Puede ser más rápido?

Sra. Ramos: Sí. Si usted contrata un servicio de almacén en el país local, va a ahorrar mucho tiempo en logística. Si lo envía a un español y el producto sale de España, le va a llegar en 3 o 4 días.

Sr. Xiao: Muy bien, voy a estudiar estas posibilidades. Muchas gracias por sus consejos. Ah, por cierto, un amigo mío quiere importar ropa interior de España a China. ¿Le puede aconsejar algo?

Sra. Ramos: Sí claro. Ya quedaremos otro día. Mantenemos el contacto.

Sr. Xiao: Muchas gracias. Ha sido un placer. !Adiós!

Vocabulario 词汇

importación	f.	进口	despachar	tr.	清关
exportación	f.	出口	territorio	m.	领土
adquisición	f.	获得	productos de cocina		厨房用品
bienes	m.	财产，财务，产品	consultoría	f.	咨询公司
uso	m.	使用	asesor, ra	m.f.	咨询人员
consumo	m.	消费	vender	tr.	销售
divisa	f.	外汇	consejo	m.	建议
marco legal		法律框架	aconsejar	tr.	建议
condiciones estipuladas		规定的条件	por cierto		另外，顺便问一下
transacción	f.	交易	ropa interior		内衣
aduana	f.	海关	courier	m.	快递（外来词）
arancel	m.	关税	quedar	intr.	约定，商定

Ejercicios 练习

3. Elige la opción más adecuada según el contenido de los textos. 根据课文内容选择正确答案。

1) ¿Qué relación hay entre el Sr. Xiao y la Sra. Ramos?

   A. Jefe y empleada.　　　B. Cliente y asesora.　　　C. Amigos.

2) ¿Por qué visita la consultoría el Sr. Xiao?

   A. Porque quiere buscar clientes en España.

   B. Porque compraría productos en España.

   C. Porque querría montar una tienda online.

3) La empresa del Sr. Xiao tiene _____.

   A. varias marcas famosas en China

   B. unas cuentas tiendas online

   C. una marca muy famosa en China

4) ¿Qué le aconsejó del comercio electrónico transfronterizo la Sra. Ramos al Sr. Xiao?

   A. Poner una tienda física.

   B. Montar una tienda online.

   C. Construir una empresa.

5) ¿Cuántos días tarda la mercancía en llegar al cliente local si se le envía desde el país de origen?

   A. Tardan de 20 a 30 días.

   B. Tardan unos 3 o 4 días.

   C. Tardan más de 30 días.

6) Si contrata un servicio de almacén local, ¿qué va a mejorar?

   A. El producto llegará más rápido al cliente.

   B. Ahorrará mucho tiempo en la preparación del producto.

   C. Saldrá más caro para el cliente.

4. Marca si las siguientes afirmaciones son verdaderas o falsas según el contenido de los textos. 根据课文内容判断对错。

1) Comercio internacional se define como comercio mundial.

2) Comercio internacional es comercio electrónico.

3) Importación y exportación son formas de comercio internacional.

4) La importación es el ingreso legal de mercancías provenientes de otro país.

5) La importación también es la compra de bienes o servicios provenientes de empresas extranjeras para introducirlas al consumo en el país receptor.

6) La exportación es el envío de mercancías nacionales para su uso o consumo en el exterior.

7) La importación produce una entrada de divisas.

8) La importación y exportación no se efectúan dentro del marco legal.

9) El Sr. Xiao quiere importar productos de España.

10) El Sr. Xiao es un empleado de una empresa española.

11) La Sra. Ramos es funcionaria.

12) El Sr. Xiao tiene una fábrica de productos de cocina.

13) El Sr. Xiao quiere vender a nivel mundial.

14) Los dos van a quedar otra vez en el futuro.

5. Lee el texto y rellena los espacios en blanco con la expresión correcta. 请阅读短文并用恰当的词语填空。

En China se requiere una licencia de importación y exportación para realizar el trámite del comercio internacional. Para ciertos artículos o productos, por ejemplo, si una empresa china desea importar bebidas alcohólicas, alimentación o cosméticos, se debe registrar antes el producto para obtener un permiso del gobierno en la Oficina de Impuestos y Comercio de Alcohol y Tabaco.

Por otro lado, el mercado chino está consiguiendo erigirse como capital para todas las empresas occidentales ya que sus bajos costes salariales y de producción les han motivado de forma considerable. La mayoría de grandes compañías han decidido deslocalizar su producción y trasladarse al país asiático. Con todo, importar productos de China se ha convertido en una gran opción para cualquier tipo de empresa.

1) En China se requiere una _____ para la importación y exportación.

2) Para importar productos a China se debe obtener un _____ de importación y exportación del gobierno.

3) Los bajos _____ de trabajo y producción han _____ a muchas empresas a trasladarse a China.

4) Muchas empresas occidentales han decidido _____ su producción a China.

5) Importar de China es una gran _____ para cualquier tipo de empresa extranjera.

6. Ordena el siguiente diálogo. 请给下列对话排序。

Li Ming es gerente de una empresa textil de Shanghai. Raquel Ramos es jefa del departamento de consumo de una asesoría. Los dos se encuentran en la sala de reuniones de la asesoría. Li Ming le pide consejo a Raquel.

  2) Raquel Ramos：Buenos días, Sr. Li. ¿Cómo le va todo?

 _____ Li Ming：De acuerdo. Pero nuestros productos son de textil hogar, también interesan mucho a los consumidores finales.

 _____ Li Ming：Buenos días, Sra. Ramos.

 _____ Raquel：Eso es. Ahora estas plataformas de comercio electrónico transfronterizo se desarrollan muy rápido y facturan cada vez más.

 _____ Li Ming：Bueno, no muy bien. El año pasado exportamos mucho a Europa, pero este año nos ha bajado mucho.

 _____ Raquel Ramos：Entonces, ¿qué quiere hacer para mejorar la situación?

 _____ Li Ming：Sí, sí, estas plataformas son muy eficientes. Espero que de esta forma recuperemos nuestro nivel de exportación.

  10) Raquel：Entonces Amazon, AliExpress, eBay también podrían ser.

  7) Li Ming：A eso aspiramos. ¿Dónde me aconseja montar mi tienda online?

 _____ Raquel：Si quiere vender a mayoristas puede montarla en Alibaba Internacional.

 _____ Li Ming：Pues, no lo tengo claro. Estamos pensando en hacer negocios online.

 _____ Raquel：Seguro que sí.

Frases usuales　常用表达

Hablar del comercio internacional. 谈论国际贸易。

1) Comercio Internacional se define como comercio mundial. 国际贸易也称世界贸易。

2) La importación consiste en el ingreso legal de mercancías proveniente de otro país, que puede ser de mejor calidad o más demandada.
进口是指来自另一个国家的货物的合法收入，这些货物可能质量更好或需求更大。

7. Lee las siguientes frases y tradúcelas. 阅读下列句子并翻译。

1) Mi empresa no tiene licencia de importación y exportación.

2) Es necesario buscar una empresa con licencia para llevar el proceso de exportación y hacer los trámites para pasar por las aduanas.

3) En China se requiere una licencia de importación y exportación para realizar el trámite del comercio internacional.

4) Para ciertos artículos o productos, por ejemplo, bebidas alcohólicas, alimentación o cosméticos, se debe registrar antes el producto para obtener un permiso del gobierno.

Ampliación　延伸阅读

8. Lee y reflexiona. 阅读并思考。

Importar productos de China

Hoy en día, la mayoría de los productos se manufacturan en China. Hace algunos años era realmente costoso importar del país asiático. Sin embargo, la globalización y la era digital han facilitado todo el proceso. Solo se necesita un ordenador con conexión a Internet para importar productos de China.

Al igual que todo proceso empresarial, es necesario estudiar el mercado antes de tomar una decisión. Para empezar, es crucial analizar por qué se ha escogido China, y no otro país para realizar dicha importación. Una vez estudiada la rentabilidad de la operación se debe proceder del mismo modo con la empresa escogida para la compra.

9. Contesta en base a la lectura. 根据阅读内容回答问题。

1) ¿Hoy en día dónde se manufactura más en el mundo?

2) ¿Qué es lo más importante para empezar?

Lección 2　Comercio Internacional Tradicional —— Consulta, Respuesta y Proceso

传统国际贸易——询价、回复与流程

Objetivos　学习目标

— Conocer cómo se consulta y se responde en el comercio internacional tradicional
　学习国际贸易中如何询价和回复
— Saber cómo se escribe un correo electrónico
　能够进行国际贸易电子邮件的撰写
— Poder consultar el precio correctamente
　能够正确询价
— Saber cómo se responde a las consultas de precio correctamente
　能够正确回复询价

Introducción　情景导入

本课将学习如何在国际贸易中询问价格和回复。最常见的报价方式，如：FOB（离岸价）、CIF（到岸价）等；如何附上产品目录或者产品价格表；商务问候语、告别语；如何告知对方已收到报价或产品等的表达方式。

En esta lección vamos a aprender cómo consultar precios y responder consultas en el marco del comercio internacional. También veremos las formas de cotización más usuales, por ejemplo, FOB, CIF..., adjuntar los catálogos y la lista de precios, así como las expresiones de saludos comerciales, despedidas y confirmar el recibo de la cotización o de los productos.

Curiosidades　任务驱动

1. Contesta a las siguientes preguntas. 回答下列问题。

1) ¿Cómo buscamos un proveedor?
2) ¿Cómo contactamos con nuestros proveedores y clientes normalmente?
3) ¿Cuál es el proceso del comercio internacional?

2. Escribe el significado de las palabras en chino. 请用中文注释下列词语。

1) FOB _____ 2) CIF _____

3) facturación _____ 4) cotización _____

5) descuento _____ 6) director general _____

7) atentamente _____ 8) temporada _____

9) ponerse en contacto _____ 10) Conocimiento de Embarque _____

Aprendemos 学习内容

Estimados señores:

Gracias por su consulta, como ya saben somos una empresa china dedicada a la fabricación de ropa deportiva. Nuestra facturación anual alcanza 30 millones de euros. Nuestros clientes se encuentran en muchos países, como en EE. UU., Canadá, Inglaterra y Holanda etc. Nos interesa mucho abrir nuevos mercados.

En su E-mail nos comentaron que están buscando proveedores de ropa deportiva, sobre todo de fútbol. Nos ponemos en contacto con ustedes para comentarles que, en efecto, tenemos una gran variedad de este tipo de vestuario especialmente en lo que se refiere a ropa de fútbol de alta calidad con precios competitivos. Les adjuntamos nuestro catálogo y la lista de precios tanto FOB Shanghai como CIF Barcelona.

Les agradeceríamos que nos comentaran si nuestros precios son competitivos. En caso afirmativo, estaríamos interesados en suministrarles los pedidos y establecer una relación comercial de largo plazo con su empresa.

En espera de su pronta respuesta, les saludamos atentamente.

Xinyi Li

Directora General

Estimada Sra. Li:

Le informamos del recibo de su E-mail con la fecha del 10 de octubre. Muchísimas gracias por su interés y la rápida respuesta.

En relación con su cotización del vestuario relacionado con el fútbol, su oferta nos resulta un poco alta. Necesitaríamos que nos dieran un descuento del 5%. Si lo aceptaran, podríamos cursar un pedido de prueba de 8000 unidades de camisetas y pantalones cortos para edades de 10 a 16 años, con la entrega de 30 días después del pedido. Nuestra forma de pago preferente es de 20% por transferencia bancaria con el pedido y el resto contra Conocimiento de Embarque (Bill of Lading). La forma de envío sería por vía marítima.

Además, justamente en esta temporada, tenemos mucha demanda de los modelos de otoño y de invierno, por lo que quisiéramos que nos mandaran unas muestras de camisas, pantalones y abrigos tanto para niños como para adultos de manera gratuita.

Les agradeceríamos de antemano su colaboración.

Quedamos a la espera de su respuesta. Le saludamos cordialmente.

Javier Lancho

Vocabulario 词汇

dedicado a		从事于，致力于	director general	总经理
deportivo, va	adj.	运动的	informar	tr. 通知
facturación	f.	营业额	interés	m. 兴趣
EE. UU.		美国	en relación con	鉴于，关于

Canadá		加拿大	cotización	f.	报价
Holanda		荷兰	descuento	m.	折扣
vestuario	m.	服装，衣服	camiseta	f.	短袖T恤
CIF（Coste, seguro y flete）		到岸价	Conocimiento de Embarque		提单
atentamente	adv.	恭敬地（道别语）	FOB (Franco albordo de buque)		离岸价
asunto	m.	主题	encabezamiento	m.	（邮件，信件）抬头
cuerpo del texto		正文	despedida	f.	告别语
cargo	m.	职位			

Ejercicios 练习

3. Elige la opción más adecuada según el contenido de los textos. 根据课文内容选择正确答案。

1) La empresa china quiere _____.

   A. contestar la consulta de la empresa española

   B. encontrar un cliente en EE. UU.

   C. contactar con el habitual cliente

2) La empresa china es _____.

   A. un intermediario

   B. una fábrica

   C. un importador

3) ¿Qué forma de pago pide a la empresa china?

   A. Carta de crédito.

   B. Una fianza del 30% por transferencia bancaria.

   C. Una fianza del 20% por dicha transferencia.

4) ¿Qué cargo tiene Javier Lancho en su empresa?

   A. Director general.

   B. Director de compras.

   C. Director de ventas.

5) ¿Qué va a hacer la empresa española?

   A. Les va a comprar mucho.

B. No les interesa la cotización.

C. Quiere hacer un pedido de prueba.

4. **Marca si las siguientes afirmaciones son verdaderas o falsas según el contenido de los textos.** 根据课文内容判断对错。

1) Li Xinyi es directora de compras.

2) Li Xinyi pertenece a una empresa china dedicada a la importación.

3) La empresa china factura anualmente unos 30 millones de euros.

4) La empresa española está buscando proveedores de ropa deportiva.

5) La empresa china ofrece precio FOB Barcelona.

6) Dicha empresa china está interesada en vender a la empresa española.

7) El objetivo del Email de Javier Lancho es consultar a su cliente si está interesado.

8) La empresa española ha ofrecido pagar las muestras a su posible proveedor chino.

5. **Primero observa el formato del correo electrónico, luego ordena el siguiente correo electrónico comercial y coloca cada oración o expresión en su sitio correcto.** 请先观察以下电子邮件格式，再调整下列商务电子邮件的顺序，并将各句放在正确的位置上。

Asunto: _____	De: _____
	Para: _____
	CC: _____

Saludo o encabezamiento

Cuerpo del texto

Despedida

Firma o Nombre Cargo

De:	Alimento Sano
Para:	_____
CC:	Taller Chocolate S.A

Asunto:

---

1. Posible colaboración
2. Viernes, 19 de marzo de 2022, 15:12
3. A la espera de sus noticias, les saludamos atentamente.
4. Tenemos una gran necesidad de vender chocolate y nos interesa introducir sus productos de dicho alimento a nuestra tienda online.
5. Apreciados señores:
6. Somos una empresa china de alimentación para exportación.
7. Les agradeceríamos mucho que se sirvieran en cotizarnos el precio de chocolate CIF Shanghai y autorizarnos a vender sus productos en China.
8. Hace 3 años creamos nuestra tienda online en varias plataformas chinas como Tmall y JD, facturamos unos 100 millones de yuanes al año.
9. Lulu Yue
10. Directora de compras

6. Lee el texto y rellena los espacios en blanco con la expresión correcta. 请阅读短文并用恰当的词语填空。

Normalmente un __1)__ es quien lleva este proceso. Primero elige el producto que quiere __2)__, contacta con la empresa extranjera, __3)__ el pedido a dicha empresa y luego paga una parte de la mercancía, por ejemplo 30% del __4)__. Dicha empresa la envía por barco o por avión. Cuando llega el producto, el importador __5)__ la mercancía en las aduanas chinas. Después de haberla despachado, la mercancía entra en los __6)__ del importador o de sus distribuidores. El mismo importador o sus __7)__ venden el producto al consumidor en las plataformas.

almacenes	cursa	importador	distribuidores
importar	despacha	importe	

Frases usuales 常用表达

Saludo y despedida de un correo comercial. 商务邮件的开场白与告别语。

Gracias por su consulta, como ya saben somos una empresa china dedicada a la fabricación de ropa deportiva.

非常感谢您的咨询，如您所知，我们是一家从事运动服装生产的中国公司。

Les agradeceríamos de antemano su colaboración.

预先感谢您的配合。

Quedamos a la espera de su respuesta.

期盼回复。

Le informamos del recibo de su E-mail con fecha del 10 de octubre.

现通知贵方我方已收到贵公司10月10日的电子邮件。

Le saludamos cordialmente.

诚挚地向您问候。

7. Lee el siguiente correo electrónico, tradúcelo y contéstalo. 阅读下列电子邮件，翻译并回复。

Estimada Sra. Mu:

Según lo que hemos acordado le mando una lista de 8 productos cosméticos que hemos considerado para empezar a trabajar.

En verde he marcado los que serían productos propios para su empresa, a base de aceite de oliva. Le hemos cotizado el aceite esencial de aceite de oliva.

Los productos que están en blanco son de nuestra línea Jazmín, tal y como hablamos en la reunión de Shanghai.

1000 unidades sería la mínima cantidad que debería adquirir para gozar del mencionado precio. Obviamente, para estos pedidos de 1000 cajas se podría personalizar la caja y adaptarla a sus necesidades comerciales.

Un saludo

José Miguel

> **Ampliación** 拓展延伸

8. Lee y reflexiona. 阅读并思考。

Las ventajas del comercio exterior

Gracias al comercio internacional podemos adquirir bienes y servicios a otros países que los producen de un modo más eficiente que nosotros. Así, podremos especializarnos en la producción de otros artículos en los que tenemos una ventaja competitiva.

El e-commerce, o comercio electrónico, ha abierto un mundo de mayores posibilidades para el intercomercio internacional. Este permite expandirse al extranjero sin necesidad de tener un asentamiento físico en el mercado al que se quiere dirigir. En otras palabras, el e-commerce ha permitido que muchas empresas lleven a la realidad su estrategia de comercio internacional utilizando como medio eficiente Internet y sus herramientas. Como tendríamos las plataformas electrónicas, las redes sociales, etc. En el mundo actual globalizado, ya no solamente se utiliza la red para importar productos o servicios de otro país, sino que, se aprovecha el e-commerce para distribuir sus productos o servicios por todo el mundo, sin limitarse únicamente a su país de origen.

> 与传统国际贸易相比，跨境电子商务依托于互联网技术而存在，在物流方式、交易流程、结算方式等方面都大不相同。一方面，跨境电子商务让传统贸易实现了电子化、数字化和网络化，无论是订购，还是支付环节，都可以经由互联网完成，甚至数字化产品的交付都可以通过网络完成。
>
> 在跨境电子商务交易过程中，运输单据、交易合同以及各种票据都以电子文件的形式存在。因此，跨境电子商务贸易实际上是包含货物的电子贸易、在线数据传递、电子资金划拨、电子货运单证等多环节与内容的一种新型国际贸易方式。另一方面，由于信息在互联网上流动的便捷和快速，跨境电子商务使得国际贸易卖方可以直接面对来自不同国家的消费者，因而最大限度地减少了传统贸易所必须涉及的交易环节，并且消除了供需双方之间的信息不对称。这也是跨境电子商务最大的优势所在。

9. Contesta en base a la lectura. 根据阅读内容回答问题。

1) Gracias al comercio internacional, ¿qué podemos adquirir?
2) ¿Qué posibilidades ha abierto el comercio electrónico para el comercio internacional?
3) ¿Qué estrategias pueden llevar a la realidad las empresas gracias al comercio electrónico?

Lección 3 Comercio Electrónico Transfronterizo y Comercio Electrónico I
跨境电子商务与电子商务（一）

Objetivos　学习目标

— Conocer qué es comercio electrónico transfronterizo y comercio electrónico
  学习跨境电商与电子商务
— Diferenciar comercio electrónico transfronterizo y comercio electrónico
  正确区分跨境电商与电子商务业务
— Posicionar correctamente tu negocio para elegir las plataformas convenientes
  能够精准定位，选择合适的平台

Introducción　情景导入

电子商务泛指通过互联网或网络平台从事商品或服务交易。跨境电子商务则是跨越了国家界限，交易主体分属不同关境，通过互联网或网络平台进行商品或服务的交易，并通过跨境物流送达商品完成交易。事实上，跨境电商是电子商务的形式之一。

El comercio electrónico se refiere a las transacciones electrónicas de bienes y servicios por Internet o plataformas online. Sin embargo, el comercio electrónico transfronterizo se refiere al hecho de cruzar fronteras de países, por lo tanto, entidades procedentes de diferentes territorios, realizan dichas transacciones de bienes o servicios entregándose por medio de logística transfronteriza. En realidad, el comercio electrónico transfronterizo es una de las modalidades de comercio electrónico.

Curiosidades　任务驱动

1. Observa estos logos y contesta a las preguntas. 观察以下图标并回答问题。

1) ¿Estas plataformas pertenecen al comercio electrónico?

2) ¿Cuáles de estas plataformas son del comercio electrónico transfronterizo?

3) ¿Tmall.com y Tmall.hk son plataformas digitales iguales?

4) ¿JD.com y JD Worldwide son idénticas?

2. Escribe el significado de las palabras en chino. 请用中文注释下列词语。

1) desempeñar _____
2) canal _____
3) compartir _____
4) demanda _____
5) aduana _____
6) PYMES _____
7) almacén _____
8) zona franca _____
9) plazo _____
10) inmenso _____

Aprendemos 学习内容

El comercio electrónico desempeña un papel cada vez más importante en todo el mundo. Así mismo el mercado electrónico de China es un inmenso pastel que todo el mundo quiere compartir. Ahora intentamos aclarar varias cuestiones claves：¿Qué es comercio electrónico? ¿Qué es comercio electrónico transfronterizo (cross-border e-commerce)? ¿En qué se diferencian y cuál de los dos se ajusta más a tu negocio?

El comercio electrónico se define por las ventas online en general. Aquí nos referimos a las que se venden en el mercado de China. Las plataformas B2C más conocidas en China, son *Tmall.com*, *JD.com* y *VIP.com*. Taobao, también del grupo Alibaba, es una plataforma C2C en la que pueden vender las personas individuales y pymes. En estas plataformas se distribuyen productos tanto fabricados en China como de otros países.

Si los productos fabricados en China se venden en Taobao.com, Tmall.com o JD.com al mercado de China, no hace falta pasar por las aduanas de nuestro país. A esto se le llama comercio electrónico y no transfronterizo.

Sin embargo, si una empresa quiere vender online productos extranjeros en China, se trataría como comercio electrónico transfronterizo. Estas operaciones se realizan en plataformas internacionales, como JD worldwide, Tmall HK. Y en el momento de cruzar la frontera, el producto siempre pasa por las aduanas.

Si una empresa china quiere vender online a España, Francia, EE. UU, Inglaterra a través de Amazon, eBay, Aliexpress etc. también es comercio electrónico transfronterizo.

Un ejemplo podría ser: en mi empresa española de cosméticos, monto una tienda online en Tmall HK y la gestiono desde Barcelona. Hipotéticamente tengo pedidos en Shanghai. Los envío desde España hasta China. Pasan por las aduanas al entrar en la frontera de China. Pago los aranceles y luego llegan a casa del cliente. Con este operativo, el proceso quizás tarda entre 15 y 30 días. También puedo guardar los productos en los almacenes de zonas francas en China. Cuando tengo pedidos, los productos salen de la zona franca dentro de nuestro país y llegan a los consumidores chinos en un plazo de entre 2 y 4 días.

Vocabulario 词汇

desempeñar un papel		承担角色	realizar	tr.	实施
compartir	tr.	分享	hipotéticamente	adv.	假设地，假定地
potente	adj.	强大的	a través de		通过，经过
canal eficiente		有效渠道	pasar	intr.	穿过，经过
demanda	f.	要求	frontera	f.	边界

B2C (de empresa a consumidor)	公司对个人	arancel	m.	关税
C2C (de consumidor a consumidor)	个人对个人	almacén	m.	仓库
PYMES (pequeñas y medianas empresas)	中小企业	zona franca		自由贸易区
hacer falta	需要	consumidor	m.	消费者
aduana	f.	海关		

Ejercicios 练习

3. Elige la opción más adecuada según el contenido de los textos. 根据课文内容选择正确答案。

1) El comercio electrónico juega un papel cada vez más importante en _____.

   A. todo el mundo   B. China   C. Europa

2) *Tmall.com*, *JD.com* y *VIP.com* son plataformas _____.

   A. internacionales   B. chinas y públicas   C. chinas y privadas

3) *Tmall.com* y *Taobao.com* son plataformas _____.

   A. B2C y B2B   B. B2B y O2O   C. B2C y C2C

4) Para poder vender los productos extranjeros en China, _____ pasar por las aduanas chinas.

   A. siempre es necesario

   B. no siempre es necesario

   C. no se sabe si se tiene que

5) Si tengo una empresa española con tienda en Tmall.com, _____ enviar los productos desde los almacenes de la Zona Franca de China.

   A. me exigen   B. no tengo que   C. tengo que

4. Marca si las siguientes afirmaciones son verdaderas o falsas según el contenido de los textos. 根据课文内容判断对错。

1) La plataforma B2C más conocida en China es Taobao.

2) *JD.com* y *Tmall.com* son plataformas B2C.

3) *VIP.com* es del grupo Alibaba.

4) *Tmall.com* y Taobao son del grupo Alibaba.

5) Taobao es una plataforma C2C.

6) El comercio electrónico desempeña un papel cada vez más importante en todo el mundo, sobre todo, en China.

7) *Tmall.com*, *JD.com*, *Tmall Hk* y *JD Worldwide* son plataformas de comercio electrónico transfronterizo.

8) Todos los productos tienen que pasar por la Zona Franca.

9) Todos los productos que vienen del extranjero tienen que pasar por las aduanas.

10) Si una empresa china vende en Amazon o eBay a los mercados fuera de China, esta acción se puede denominar comercio electrónico transfronterizo.

5. Lee el texto y rellena los espacios en blanco con la expresión correcta. 请阅读短文并用恰当的词语填空。

El mercado electrónico de China es un inmenso pastel que casi todas las marcas o empresas están ___1)___ en compartir. La venta online en las plataformas de China supone un canal de venta ___2)___ . Como la demanda de productos internacionales es cada vez mayor, las plataformas más potentes se encuentran en un período de expansión internacional ___3)___ atraer marcas internacionales a sus plataformas online para el mercado chino. Por otro lado, las ___4)___ también están interesadas en expandirse fuera del mercado chino.

Si se venden productos que vienen de fuera de China, en estas plataformas ___5)___ de nuestro país, como Taobao.com, Tmall.com o JD.com, primero tienen que ser ___6)___ , es decir, han de realizar todos los ___7)___ aduaneros y seguir el proceso de importación y exportación normal. Entrar de este modo también se considera ___8)___ electrónico.

| trámites | internas | plataformas | interesadas |
| comercio | importados | eficiente | intentando |

Frases usuales 常用表达

Hablar del mercado y de los productos. 谈论市场与产品。

1) El comercio electrónico desempeña un papel cada vez más importante en el mundo.
电子商务在全世界承担着越来越重要的角色。

2) Casi todas las marcas y empresas están interesadas en compartir el mercado electrónico de China.
几乎所有的品牌和企业都希望在中国的电商市场上分一杯羹。

6. Lee las siguientes frases y tradúcelas. 阅读下列句子并翻译。

1) Si los productos fabricados en China se venden online en China, no hace falta pasar por las aduanas chinas.

2) Si una empresa vende online en China productos extranjeros sin pasar antes por las aduanas, ya se considera comercio electrónico transfronterizo. Cuando el producto esté vendido, entonces se tiene que pasar por las aduanas para que dicho producto entre en el territorio chino.

3) El comercio electrónico permite comprar y vender a una escala global, a cualquier hora del día, sin incurrir en los mismos inconvenientes generales de los producidos en una tienda física.

4) El comercio tradicional se basa en la interacción física entre un vendedor y un comprador en un local concreto.

Ampliación 拓展延伸

7. Lee y reflexiona. 阅读并思考。

El comercio electrónico permite comprar y vender a una escala global, a cualquier hora del día, sin incurrir en los mismos inconvenientes generales de los producidos en una tienda física. Esta circunstancia ha aumentado enormemente su popularidad en los últimos años. En cierto modo, está reemplazando a las tiendas tradicionales.

El comercio tradicional se basa en la interacción física entre un vendedor y un comprador en un local concreto. El contacto entre ambos permite que el vendedor conozca mejor las necesidades del cliente y por lo tanto puede usar los medios necesarios para vender su producto.

Mientras tanto el comercio electrónico permite a los consumidores contactar directamente con los fabricantes de los artículos y los servicios. Se eliminan los intermediarios y se interactúa por medio de la red de Internet. A la vez, el crecimiento del comercio electrónico también se ha expandido a las ventas a través de dispositivos móviles. Este concepto se conoce como "m-commerce" que es simplemente un subconjunto del comercio electrónico.

> 在跨境电子商务交易过程中，运输单据、交易合同以及各种票据都是以电子文件的形式存在。因此，跨境电子商务贸易实际上是包含货物的电子贸易、在线数据传递、电子资金划拨、电子货运单证等多环节与内容的一种新型国际贸易方式。同时，由于信息在互联网上流动的便捷和快速，跨境电子商务使得国际贸易卖方可以直接面对来自不同国家的消费者，因而最大限度地减少了传统贸易所必须涉及的交易环节和消除了供需双方之间的信息不对称。这也是跨境电子商务最大的优势所在。

8. Contesta en base a la lectura. 根据阅读内容回答问题。

1) ¿Qué ventaja posee el comercio electrónico frente al comercio tradicional?

2) ¿Es importante la interacción física entre un vendedor y un comprador en el comercio electrónico?

3) ¿Se ha expandido a otros dispositivos dicho comercio?

Lección 4   Comercio Electrónico Transfronterizo y Comercio Electrónico II
跨境电子商务与电子商务（二）

Objetivos 学习目标

— Conocer qué es comercio electrónico transfronterizo y comercio electrónico
  学习跨境电商与电子商务
— Diferenciar comercio electrónico transfronterizo y comercio electrónico
  正确区分跨境电商与电子商务业务
— Posicionar correctamente tu negocio para elegir las plataformas convenientes
  能够精准定位，选择合适的平台

Introducción 情景导入

跨境电商对于中国市场而言，可以是将中国产品通过电商平台销往国外，也可以是将国外产品通过电商平台销售到国内。本课通过对话形式讲述面向国内外市场的电商平台，以及跨境电商的运营方式、自贸区、仓库和其他跨境电商的物流方式。

Para el mercado chino, el comercio electrónico transfronterizo comporta el hecho de vender productos chinos fuera o introducir artículos extranjeros a China a través de varias plataformas. En esta lección explicamos las plataformas a través de diálogos, tanto para el mercado chino como para el de fuera de China. También trataremos las formas de operativa, zona franca, almacén y otras tipologías de logística del comercio electrónico transfronterizo.

Curiosidades 任务驱动

1. Contesta a las preguntas. 请回答以下问题。

1) ¿Conoces algunas plataformas del comercio electrónico de Asia?
2) ¿Conoces algunas plataformas del comercio electrónico transfronterizo?

2. Escribe el significado de las palabras en chino. 请用中文注释下列词语。

1) nivel de vida _____   2) vender _____

3) venta _____
4) comercio electrónico _____
5) feria _____
6) alimentación _____
7) Madrid _____
8) mercado _____
9) demanda _____
10) dedicar _____

Aprendemos　学习内容

Juan y Ana son directores de ventas de dos empresas españolas. Se encuentran en una feria de alimentación de Madrid.

Juan：Hola Ana，!Cuánto tiempo sin vernos! ¿Qué tal todo?

Ana：Ah，muy bien.

Juan：La última vez me dijiste que tu empresa había montado varias tiendas online para el mercado chino，¿cómo va todo?

Ana：Nuestras tiendas online van muy bien，porque en China hay mucha demanda de productos de importación，y el nivel de vida está subiendo sin parar.

Juan：Vaya，qué bien，¿en qué plataforma tenéis las tiendas? También pensamos en vender al mercado chino.

Ana：Las tenemos en varias plataformas internacionales，como Tmall HK，JD Worldwide. Como nos dedicamos a la alimentación infantil，vendemos bastante leche en polvo.

Juan：¿Cómo enviáis la leche en polvo a China?

Ana：Como tenemos cuatro marcas，las enviamos de dos formas. Dos marcas，que tienen poca demanda，las enviamos desde España，y si las aduanas las dejan pasar con rapidez tardan unos 20 o 25 días en llegar al destino final.

Juan：¿Cuál es la otra forma?

Ana：Las otras dos marcas son muy conocidas en China y，en consecuencia，facturamos mucho. Hemos alquilado un almacén local en la Zona Franca de Shanghai. Cuando recibimos un pedido online，lo enviamos desde la Zona Franca y tarda entre 2 y 4 días en llegar a manos del consumidor.

Juan：!Fantástico! He de hablar con mi director para montar un negocio online cuanto antes en estas plataformas internacionales de grupos chinos.

Ana：Sí，sí，ya verás cómo vais a vender más.

Juan：Eso espero.

Ana：Ya hablaremos otro día. ¡ Hasta pronto!

Juan：¡Adiós!

Formas de realizar comercio electrónico transfronterizo

Ivan: Hola David, ¿sabes cómo se puede hacer llegar los productos españoles a los consumidores chinos?

David: Puedes hacerlo a través de las plataformas de comercio electrónico transfronterizo como Amazon, Tmall HK, JD Worldwide, Aliexpress etc.

Ivan: No conocía Tmall HK ni Aliexpress.

David: Es que son plataformas chinas.

Ivan: De acuerdo. ¿Cómo tengo que hacerlo?

David: Puedes gestionar todo directamente desde tu sede en España. Si una empresa china quiere gestionar una marca extranjera en estas plataformas, necesita una licencia autorizada de la marca original.

Ivan: ¿Y el envío del producto, lo puedo hacer desde mi almacén en España?

David: Si, claro. Pero tarda mucho más que enviarlo desde una de las múltiples zonas francas del país.

Ivan: Si quiero vender buenos productos chinos a España, ¿qué debo hacer?

David: Puedes hacer la otra forma de comercio electrónico transfronterizo, como por ejemplo, vender fuera de China, montando tu tienda online en **amazon.com**, **ebay.com**, **aliexpress.com** etc.

Ivan: ¿Y la logística es parecida?

David: Sí. Puedes enviar desde China por correos o Courier; o encontrar primero un almacén en España, y cuando recibas un pedido, envíalo directamente desde el almacén situado en el exterior.

Ivan: ¡Me parece muy interesante!

David: Sin embargo, el coste de mantener el almacén no es bajo. Si las ventas no llegan a un volumen grande, esta última opción no es recomendable.

Ivan: ¡Ah!, ya lo tengo claro. Voy a estudiar la forma más adecuada para mi negocio. Muchísimas gracias por la explicación.

Vocabulario 词汇

director	m.	经理，领导	servir	tr.	提供，供应
nivel de vida		生活水平	gestionar	tr.	经营

alimentación	f.	食品	envío	m.	寄，送
infantil	adj.	儿童的	almacén	m.	仓库
leche en polvo		奶粉	licencia	f.	许可证
tardar	intr.	花费（时间）	coste	m.	成本
demanda	f.	需求	mantener	tr.	保持
marca	f.	品牌	correos	m.	邮局
otro día		改天			

Ejercicios 练习

3. Elige la opción más adecuada según el contenido de los textos. 根据课文内容选择正确答案。

1) ¿Cuántas formas de realizar comercio electrónico ha mencionado el texto I?

   A. Dos.　　　　　　B. Tres.　　　　　　C. Cuatro.

2) ¿Cómo puede gestionar marcas extranjeras una empresa china?

   A. Creando una empresa en el extranjero.

   B. Con la autorización de la marca original.

   C. Con el permiso de la plataforma.

3) ¿Desde dónde gestiona una empresa extranjera una tienda en TMALL HK o JD Worldwide?

   A. La gestiona desde China.

   B. Tiene que montar una oficina en China.

   C. La dirige desde su propia oficina.

4) Cuando se trata de producto extranjero, ¿cuál de las siguientes afirmaciones es correcta?

   A. El producto siempre se fabrica en el país de origen.

   B. El producto tiene su origen siempre en el almacén local.

   C. Si sale del almacén del país de origen el proceso de envío tarda muy poco.

5) Si una empresa china quiere vender online fuera del país, puede elegir _____.

   A. Tmall HK.com　　　　B. aliexpress.com　　　　C. JD Worldwide

6) Para vender los productos españoles a los consumidores chinos, ¿qué tipo de plataformas le aconseja David a Ivan?

   A. La plataforma china.

   B. La plataforma española.

   C. La internacional.

7) Para gestionar el negocio para el mercado chino, Ivan _____.

    A. necesita montar una oficina en China

    B. puede gestionarlo desde España

    C. tiene que buscar un almacén en China

8) Respecto a mantener almacén en el país de destino. David le recomienda _____.

    A. que lo haga cuando tenga mucho volumen de producto

    B. que lo haga cuanto antes

    C. enviar el material desde el país de origen

4. Marca si las siguientes afirmaciones son verdaderas o falsas según el contenido de los textos. 根据课文内容判断对错。

1) Juan y Ana son directores de venta.

2) Juan y Ana son colegas de una empresa.

3) La tienda online de la empresa de Ana funciona muy bien.

4) La tienda online de la empresa de Ana vende sobre todo a Europa.

5) Esta tienda online vende productos de leche.

6) La tienda online está en plataformas internacionales, pero pertenece a grupos de China.

7) Todas las marcas de la empresa de Ana son conocidas.

8) Las marcas famosas y con mucha demanda las envían desde almacenes en la Zona Franca en China.

9) Las marcas con poca demanda las envían desde España.

10) Después de hablar con David, Ivan aún no tiene claro cuál es la mejor forma logística para su negocio.

5. Imagina que eres Juan. Ahora vas a hablar con tu jefe para convencerle de montar una tienda del comercio electrónico transfronterizo. Continúa el diálogo. 假设你是胡安，现在跟领导建议开设跨境电商店铺，请继续编写对话。

Juan：¡Buenos días! Ayer hablé con Ana, la directora de ventas de AlimenBona.

 Jefe：¿Cómo le funciona el negocio a Ana?

Juan：Ahora le va muy bien porque vende mucho a China a través de su tienda online.

 Jefe：¿Ah, sí?

......

6. Lee y elige la palabra más adecuada para el siguiente texto. 请阅读并选出最恰当的词语。

Las principales diferencias para el consumidor entre el comercio electrónico tradicional y el comercio electrónico transfronterizo (cross-border) __1)__ de que este segundo tiene una legislación específica – y una aplicación más peculiar aún – que le ha venido permitiendo ___2)___ productos con ___3)___ impuestos y requisitos de entrada a China.

Para tener una tienda propia y vender tus productos en las plataformas "tradicionales", además de exigentes ___4)___ técnicos y económicos, es necesario tener un establecimiento permanente en China y las ___5)___ pertinentes para la distribución de tus productos. Por ahora muy pocas marcas españolas ___6)___ de tienda en este tipo de plataformas y son, en su mayoría, grandes empresas.

1) A. salen	B. derivan	C. vienen
2) A. comprar	B. vender	C. reservar
3) A. mayores	B. pocos	C. menores
4) A. requisitos	B. necesidades	C. exigencias
5) A. certificados	B. licencias	C. registros
6) A. tienen	B. ponen	C. disponen

Frases usuales   常用表达

Hablar del comercio electrónico transfronterizo. 谈论跨境电商。

1) He de hablar con mi director para que monte una tienda, cuanto antes, en estas plataformas internacionales de grupos chinos.
   我需要跟我老板谈谈让他尽快在这些中国集团的国际平台上开设一家店铺。

2) Una de las formas de actuación del comercio electrónico transfronterizo es servir el producto extranjero a los consumidores chinos a través de las plataformas transfronterizas.
   跨境电商的方式之一就是通过跨境电商平台向中国消费者提供国外产品。

7. Lee las siguientes frases y tradúcelas. 阅读下列句子并翻译。

1) Normalmente las empresas extranjeras gestionan todos sus trámites directamente desde su sede.

2) Cuando el consumidor hace la compra del producto online, el vendedor comienza a despachar la mercancía para sacarla de la zona franca.

3) El año pasado, los ingresos del comercio electrónico transfronterizo en Europa (incluidos los viajes), ascendieron a 137.000 millones de euros.

4) Esto significa un aumento del 13, 2% en comparación con el año anterior. La participación transfronteriza del comercio electrónico total en Europa es del 22, 8%.

Ampliación   拓展延伸

8. Lee y reflexiona. 阅读并思考。

El año pasado, los ingresos del comercio electrónico transfronterizo en Europa (incluidos los viajes), ascendieron a 137.000 millones de euros. Esto significa un aumento del 13, 2% en comparación con el año anterior. La participación transfronteriza del comercio electrónico total en Europa es del 22, 8%.

Si no se tienen en cuenta los viajes, el comercio electrónico transfronterizo todavía representa 95.000 millones de euros, del cual el 55% es generado por minoristas de la UE y el 45% restante proviene de minoristas que se encuentran fuera de sus fronteras.

Cuando observamos a minoristas de fuera de la UE, el 80% de las ventas transfronterizas se generan a través de los mercados online. Amazon es el líder indiscutible llevándose 32.000 millones de euros en ventas.

(Parte adaptada de https://ecommerce-news.es/el-23-del-comercio-electronico-en-europa-es-transfronterizo-95841)

9. Contesta en base a la lectura. 根据阅读内容回答问题。

1) ¿Cuánto factura el mercado transfronterizo en Europa?
2) ¿Qué proporción representa la participación transfronteriza en el total del ecommerce?
3) ¿De dónde proviene el 45% de la facturación del comercio electrónico transfronterizo en Europa?

"保税+直邮"是跨境电商的主要模式

跨境电商有保税、直邮和拼邮三种模式。

保税模式主要针对纸尿裤、奶粉、保健品等标品，由于需求量大，所以跨境电商运营方会直接从品牌方手里将其运到保税仓，用户下单后便直接从保税仓发货，从而保证物流速度。直邮模式类似于之前的代购模式，它主要适用于服饰和饰品等品类。拼邮主要适用于联动销售场合，比如唇膏、眼影等产品处于预售阶段，先将它们合在一起，放在一个相对大的包裹里从海外运进来，然后在国内再分成若干小包裹发送给消费者。

"保税+直邮"模式做的是标品和小规模长尾，大型企业电商、综合性电商和垂直电商主要采用该模式。"直邮+拼邮"模式主要是一些规范化的海淘平台在使用，这类模式大平台不会去碰，因为量少，没有收益，主要是填补跨境电商市场的空白。

到目前为止，跨境电商产业链已经相对稳定，除了处于各个梯队的卖家们，还有海淘工具平台，包括做返利的、比价的和做指南攻略的，以及各类物流平台，包括第三方物流、转运物流和平台自建物流。

Unidad 3
第三章

Proceso de Gestión 跨境电商平台运营

Lección 1　Análisis de Datos en Plataformas　平台数据分析
Lección 2　Selección de Productos　跨境电商选品
Lección 3　Publicación de Productos　产品发布
Lección 4　Gestión de Pedidos　订单管理

Lección 1　Análisis de Datos en Plataformas
平台数据分析

Objetivos　学习目标

— Saber buscar los datos en la plataforma
　学习搜索平台数据
— Poder analizar con los datos de la plataforma
　运用平台数据进行分析

Introducción　情景导入

本课讲解在平台开设网店前如何进行分析数据。主要分为几个步骤：创建账号、添加产品到库存、添加产品后如何分析数据，再进行计算从而提升转化率，给网店带来利润。转化率指网页点击的次数转化成购买力的比率。平台数据分析对于新店至关重要。

A través de los pasos concretos reflejados seguidamente, veremos cómo analizar los datos antes de vender online. Los pasos principales consisten en crear una cuenta online, añadir producto al inventario, analizar los datos después de añadir productos, calcular y mejorar el ratio de conversión para crear beneficio. El ratio de conversión, o tasa de conversión es un indicador de rendimiento que mide la relación entre las compras y las visitas en la tienda. Saber analizar los datos es clave especialmente para una tienda nueva.

Curiosidades　任务驱动

1. Contesta a las siguientes preguntas. 请回答下列问题。

1) ¿Es aconsejable gestionar y mantener varias cuentas de vendedor?
2) ¿Qué datos debe contener la página del vendedor?
3) ¿Son importantes los datos de venta de productos en plataformas?

2. Escribe el significado de las palabras en chino. 请用中文注释下列词语。

1) visualización_____　　2) dato_____
3) paso_____　　　　　4) potencial_____

5) informe _____ 6) ratio de conversión _____

7) mejor vendedor _____ 8) inventario _____

9) averiguar _____ 10) investigación _____

Aprendemos　学习内容

Cómo analizar los datos de un producto en Amazon

Supongamos que somos propietarios de una empresa china, que quiere vender al mercado europeo y hemos registrado una cuenta en *Amazon.es*. Queremos vender grandes cantidades de material y ser un mejor vendedor en potencia. Pero antes que nada necesitamos asegurarnos un poco más de nuestras intenciones con datos fiables.

Para vender a través de Amazon se requiere invertir en stock. Para la mayoría de las personas, esta circunstancia supone un gran riesgo porque el presupuesto normalmente es limitado. A continuación, explicamos una forma sencilla, sin coste, de lograr datos más allá de los que Amazon nos daría de forma normal.

Estos son los pasos que tenemos que seguir.

Primer paso: crear una cuenta online

Elegiremos a la empresa Amazon como plataforma de ejemplo. Somos una empresa china y queremos vender a los países europeos, realizando comercio electrónico transfronterizo. Necesitamos crear una cuenta para poder empezar a vender productos a través de la plataforma.

Segundo paso: añadir un producto al inventario

Entramos en nuestra cuenta. Vamos al "Inventario" y luego pinchamos en "Añadir Producto". Ahora elegimos el producto sobre el que queramos averiguar más datos. Lo etiquetamos con un precio alto. Lo ideal sería el más caro de momento, porque estamos haciendo la investigación y aun no lo tenemos en el inventario.

Añadir un producto a Amazon desde la sección de Inventario

(https://www.marketingguerrilla.es/como-averiguar-el-potencial-de-un-producto-en-amazon/)

Tercer paso：analizar los datos después de dos días

En la sección de "Informes" del panel de vendedor de Amazon tenemos diferentes secciones. Debemos elegir aquella donde nos salen datos detallados sobre visualizaciones de los diferentes productos. Después de dos días ya nos deberían salir algunos datos de interés. Podemos estimar que la tasa de conversión (o el ratio de conversión) está entre un 5 y un 8%.

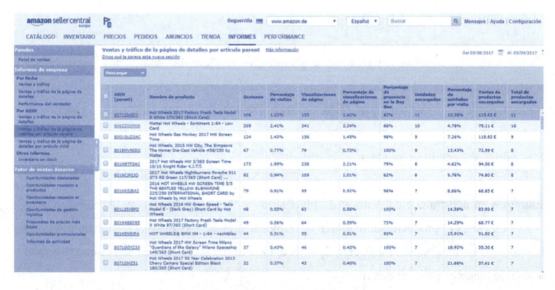

Analiza el potencial de ser el mejor vendedor ("top seller") a través de los informes de Amazon

(https://www.marketingguerrilla.es/como-averiguar-el-potencial-de-un-producto-en-amazon/)

Cuarto paso：analizar el importe

Imaginamos que los productos que hemos elegido suman 500 visualizaciones al día. Si no tuviéramos competencia podríamos llevarnos todas las ventas. Para eso es importante ganar la **Buy Box** que no es únicamente cuestión de precio sino también de haberse ganado una buena reputación como vendedor. Con un 2% de ratio de conversión podríamos estar hablando de unas 10 ventas diarias. El siguiente paso es restar todos los gastos, como por ejemplo, el precio de compra, las comisiones de Amazon, el coste de personal, la publicidad, el IVA, etc. Con ellos ya podemos calcular si nos salen las cuentas. Si nos sale rentable, ya merece la pena vender el producto que hemos elegido en Amazon.

(http: //www.marketingguerrilla.es/como-averiguar-el-potencial-de-un-producto-en-amazon/parte adaptada de *Cómo averiguar el potencial de un producto en Amazon*)

Vocabulario 词汇

dato	*m.*	数据	panel	*m.*	界面
lograr	*tr.*	获得	almacén	*m.*	仓库
stock	*m.*	库存	licencia	*f.*	许可证
paso	*m.*	步骤	coste	*m.*	成本
crear una cuenta		创建账户	informe	*m.*	报告
tasa de conversión		转化率	importe	*m.*	金额
ratio de conversión		转化率	visualización	*f.*	可视化，浏览量
inventario	*m.*	库存	salir la cuenta a alguien		盈利
añadir	*tr.*	添加	IVA: (Impuesto sobre el Valor Añadido)		增值税
sección	*f.*	界面，部分，部门	Buy Box (Carrito de compra, Caja de compra)		黄金购物车。亚马逊的产品页面右上角的一个小方框，buy box里一般会出现"Añadir al carrito"（添加到购物车）或"Cómpralo ya"（现在就买）的按钮，取决于亚马逊账户设置

Ejercicios 练习

3. Elige la opción más adecuada según el contenido de los textos. 根据课文内容选择正确答案。

1) Según el texto, supongamos que somos propietarios de _____ y queremos vender a _____.

   A. China   EE. UU.

   B. España   Australia

   C. China   España

2) Queremos vender mucho y <u>ser un mejor vendedor en potencia</u>. ¿Qué quiere decir esta frase subrayada?

   A. Tenemos posibilidad de ser el mejor vendedor.

   B. Ya somos el *top seller*.

   C. Ya somos el mejor vendedor.

3) El artículo nos ha enseñado _____ pasos para analizar los datos.

   A. 3   B. 4   C. 5

4) Cuando queremos averiguar los datos del producto, primero le atribuimos un precio _____ para sacar información.

   A. alto   B. bajo   C. medio

5) ¿Cuánto tiempo se recomienda esperar para empezar a analizar los datos?

   A. 24 horas   B. 48 horas   C. 72 horas

6) ¿Qué es el *inventario*? Es _____.

   A. una lista   B. el stock   C. el almacén

7) Ganar la Buy Box es _____.

   A. cuestión de precio

   B. haber conseguido una buena reputación como vendedor

   C. haber logrado el Carrito de Compra de muchos compradores

8) Cuarto paso: <u>calcular el importe</u>. ¿Qué significa la expresión subrayada?

   A. evaluar el coste

   B. escribir los números

   C. hacer la cuenta

4. Lee el texto y rellena los espacios en blanco con las palabras correctas. 请阅读短文并用恰当的词语填空。

Vender en Amazon o AliExpress es una gran ___1)___ de ganar dinero con muy pocos costes de forma fácil y sencilla mediante tu tienda online.

Y es que, tanto Amazon como eBay o AliExpress, representan excelentes ___2)___ de negocio, ya que te permiten vender tus ___3)___ sin la necesidad de tener que preocuparte por el volumen de ___4)___ que recibes en tu tienda, ya que están entre los sitios web más visitados del mundo.

Para que me entiendas mejor, es como poner una tienda o ___5)___ de tu negocio en un centro comercial con muchísima afluencia de ___6)___, con la diferencia de que esta ___7)___ es sensiblemente más barata.

A continuación te enseñaré cómo empezar a vender y ___8)___ éxito con tu negocio de comercio electrónico y cómo ___9)___ Amazon. También te mostraré los factores, pasos y trucos más ___10)___ para vender en Amazon mediante tu tienda online. Es interesante, ¿verdad?

oportunidades	público	efectivos	manera
artículos	alternativa	sede	funciona
tener	tráfico		

5. Intenta poner varios productos que te interesa vender para analizar los datos. 试着列出几个自己感兴趣的产品分析产品数据。

📖 Frases usuales 常用表达

Hablar del análisis de datos en plataformas. 谈论平台数据分析。

1) Para vender a través de Amazon se requiere invertir mucho en stock. Para la mayoría de las personas esto supone un riesgo grande porque el presupuesto normalmente es limitado.
   通过亚马逊销售需要大量投资库存。而对于大多数的人来说，这意味着巨大的风险，因为通常预算都非常有限。

2) Ahora restando todos los gastos relativos al etc.; precio de compra, las comisiones de Amazon, el coste de personal, la publicidad, el IVA, etc.; ya podremos calcular si nos salen las cuentas.
   现在减去所有的花费如成本价、亚马逊佣金、人工费、广告费、增值税等，我们就可以计算是否盈利了。

6. Lee las siguientes frases y tradúcelas. 阅读下列句子并翻译。

1) Vender en Amazon o AliExpress es una excelente manera de ganar dinero con muy pocos costes de forma fácil y sencilla con tu tienda online.

2) Podemos estimar que el ratio de conversión está entre un 5 y un 8%.

3) Sin la habilitación de un sistema de información de mercado, no sería posible conocer situaciones específicas de los potenciales clientes, características generales u otros requerimientos que contribuyan de una manera eficiente a disminuir la incertidumbre que conlleva la toma de decisiones.

4) El análisis de datos en plataforma reúne varias de las diferentes herramientas de marketing digital y combina sus resultados para formular una visión integral de un determinado grupo de usuarios.

Antecesentes 延伸阅读

7. Lee y reflexiona. 阅读并思考。

Plataforma de gestión de datos

Una plataforma de administración de datos (DMP), también conocida como una plataforma de administración de datos unificada (UDMP), es un sistema centralizado para recopilar y analizar grandes conjuntos de datos provenientes de fuentes dispares.

Una DMP crea un entorno combinado de desarrollo y entrega que proporciona a los usuarios datos consistentes, precisos y oportunos. En su forma más simple, una plataforma de gestión de datos podría ser un sistema de gestión de bases de datos que importa datos de muchos sistemas y permite a los especialistas en marketing y editores ver los datos de forma coherente.

8. Contesta en base a la lectura. 根据阅读内容回答问题。

1) ¿Qué es DMP?

2) ¿Qué puede crear DMP?

3) ¿Qué podría ser una plataforma de gestión de datos?

Lección 2　Selección de Productos
跨境电商选品

 Objetivos　学习目标

— Analizar la importancia de la selección de productos
　分析电商选品的重要性
— Poder seleccionar los artículos aplicando la estrategia conveniente
　能够运用恰当的电商选品策略进行选品

Introducción　情景导入

　　网店选品至关重要，为了获得较高的销量，我们需要选择被消费者大量搜索的产品、易销售、能迅速盈利的产品。为此，首先，我们需要了解市场需求；其次，价格不能过高，尤其对于新店，中低成本的快速销售最为理想。当然，尽量选择能够持续带来客户流量的、适合全年销售的产品，同时搭配一些节日性产品，效果更佳。

　　Es fundamental seleccionar producto adecuado para conseguir un alto nivel de ingreso vendiendo online. Necesitamos disponer de productos muy buscados por los consumidores, además deben ser rentables, lucrativos y fáciles de vender para generar dinero de manera rápida. Primero buscamos el nicho de la necesidad del mercado. Segundo, el precio de venta no debe ser muy alto, mejor de coste medio o bajo y sobre todo para una tienda nueva. Sería ideal elegir productos con flujo de clientes constante, que se venden durante todo el año, combinando con artículos de fiestas.

Curiosidades　任务驱动

1. Contesta a las siguientes preguntas según el texto. 回答下列问题。

1) ¿Cómo seleccionamos un producto para nuestra tienda online?
2) ¿Un producto muy caro, pero con mucho margen, es bueno para vender online? ¿Puedes razonar tu respuesta?

3) ¿Qué es el ratio[①] de devolución?

2. Escribe el significado de las palabras en chino. 请用中文注释下列词语。

1) ratio de devolución _____   2) selección de productos _____

3) rentable _____   4) lucrativo _____

5) posicionamiento _____   6) opiniones de cliente _____

7) buscado _____   8) envío gratis _____

9) cualidad _____   10) precio en promoción _____

Aprendemos 学习内容

Cómo seleccionar un programa rentable para vender en Amazon

*Después de más de **40.000** productos vendidos en Amazon durante los últimos **5** años, puedo decir que mi sistema de selección de productos funciona.*

---

① ratio: "Razón o relación entre dos cantidades o magnitudes". Este latinismo es etimológicamente femenino, y así se recomienda usarlo en español: «*Es fundamental conocer la ratio de habitantes por médico*» (Olivera *Salud* [Esp. 1993]); pero por influjo de la -*o* final se usa hoy frecuentemente en masculino, especialmente en el ámbito de la economía, donde también puede haber influido el género masculino del sustantivo *índice*: «*La entidad tiene unos ratios de solvencia y rentabilidad generalmente superiores a otras instituciones financieras*» (*Mundo* [Esp.] 7.9.94). (引自西班牙皇家语言学院, https://www.rae.es/dpd/ratio, ratio, 两个数量之间的比率, 来自拉丁语, 推荐使用为阴性, 但是用于经济领域时多被使用为阳性。)

VeloChampion Calcetines Compresion Deporte (Negro) Compression Socks (Black Small)
de VeloChampion

☆☆☆☆☆ ▾ | 82 opiniones de clientes | 8 preguntas respondidas

Precio: ~~EUR 19,58~~
Precio en promoción: EUR 14,75 Elige envíos GRATIS más rápidos con Amazon Premium o elige envío GRATIS en 4-5 días en pedidos superiores a 29€
Ahorras: EUR 4,83 (25%)
Precio final del producto

En stock.
El vendedor que has elegido para este producto no realiza envíos a Estados Unidos. Más información

Vendido por Maxgear Ltd y gestionado por Amazon.

Color: Black

Tamaño:
[Small ▾]

Por qué selecciono este producto:

- *Buen posicionamiento*
- *Buen número de opiniones de clientes*
- *Buena demanda y nivel de competencia*
- *Envío económico (poco peso y poco volumen)*
- *Buena expectativa en cuanto a ratio de devoluciones*

Seleccionar un producto es un proceso intenso y emocionante que lleva horas. El proceso para seleccionar productos rentables y con buenas expectativas de ventas puede resultar muy interesante.

Cómo elegir un buen producto para vender en Amazon

Para lograr un alto nivel de ingreso vendiendo online necesitamos disponer de productos muy buscados por los consumidores. Además, deben ser rentables, lucrativos y fáciles de vender para generar ingresos de manera rápida en la plataforma de comercio electrónico. Por lo tanto, cómo seleccionar los productos adecuados es bastante importante.

Primero buscamos el hueco de la necesidad del mercado. Para ello, necesitamos encontrar un buen producto que posea una lista de cualidades. En primer lugar, el producto debe ser pequeño y ligero. Cuanto más grande y más pesado sea lo que vendas, más costoso será el manejo y envío, sin pensar en las posibles devoluciones y las incomodidades para el almacenamiento. Los mejores productos para vender en plataformas de comercio electrónico son livianos, fáciles de empaquetar y de almacenar, y económicos de transportar.

Segundo, el precio de venta no debe ser muy alto. Es difícil poner un límite. Hay una referencia comprendida entre 10 USD y 350 USD. Sin embargo, no es sensato arriesgar en producto de alto coste que generalmente no se vendería en gran volumen. Para fundar un comercio, lo ideal sería asegurarse de que tuviera ventas rápidas y constantes de productos de coste medio o bajo, ya que aún no dispondremos de reputación.

Las otras cualidades se fundan en elegir producto que tenga un flujo constante de clientela durante todo el año, para evitar los productos de temporada o de modas pasajeras. Sin embargo, sí que podemos mezclar artículos festivos, como productos navideños o de carnaval, con otros que se venden en cualquier momento del año para tener un flujo constante de beneficios. También es conveniente vender con alto margen de ganancias sin soporte técnico ni garantías. Si el beneficio es inferior al 30% no es necesario venderlo. Si el producto es frágil o requiere soporte técnico tampoco es ideal para una tienda nueva.

Vocabulario 词汇

ratio de devolución		退货率	lucrativo, va	adj.	能获利的
expectativa	f.	期望值	adecuado, da	adj.	合适的
posicionamiento	m.	排位	empaquetar	tr.	包装
elegir	tr.	选择	transportar	tr.	运输
buscado, da	p.p.	被搜索的	coste	m.	成本
rentable	adj.	赚钱的	cualidad	f.	品质

Ejercicios 练习

3. Elige la opción más adecuada según el contenido de los textos. 根据课文内容选择正确答案。

1) "Precio en promoción" es el _____.

   A. precio habitual

   B. precio de oferta

C. precio activo

2) Si el pedido supera los _____ Euros, disfrutará del envío gratuito.

   A. 29€

   B. 14,79€

   C. 19,58€

3) El vendedor de este producto realiza envíos a _____.

   A. todo el mundo

   B. Estados Unidos

   C. todo el mundo menos EE. UU.

4) Seleccionar un producto es un proceso _____.

   A. interesante y fácil

   B. intenso y emocionante

   C. largo e intenso

5) Para vender mucho online, necesitamos productos _____ por los compradores.

   A. pocos vendidos

   B. muy vendidos

   C. muy deseados

6) Para lograr un alto nivel de ingresos vendiendo online, necesitamos productos _____.

   A. con mucho soporte técnico

   B. que se vendan durante todo el año

   C. de temporada y de moda pasajera

7) Para seleccionar los productos adecuados, tenemos que conocer _____.

   A. el nicho de la necesidad de mercado

   B. de manera adecuada nuestros presupuestos

   C. lo que podemos vender

8) ¿Cómo elegimos un producto vendible para la tienda online?

   A. Que sea grande y pesado.

   B. De alto coste.

   C. Fácil de transportar y empaquetar.

9) Según lo que explica el texto, lo mejor sería asegurarse las ventas _____.

   A. a largo plazo

   B. rápidas

   C. económicas

10) ¿Cuál de las siguientes afirmaciones es correcta?

A. Los productos de temporada son rentables de manera constante para una tienda online.

B. Los productos con flujo constante son buenos para vender online.

C. Los productos con beneficio muy alto traen flujo a una tienda online.

4. Lee el siguiente texto, y di si son afirmaciones verdaderas o falsas en base a la lectura. 阅读下列短文并根据短文内容判断对错。

Vender en Amazon puede ser una actividad rentable y muy lucrativa a la que podrías dedicarte totalmente. Sin embargo, para lograr un nivel de ingresos alto, fruto de las ventas, vas a necesitar disponer de productos que sean muy buscados por los consumidores y que además cumplan con una serie de características que los hagan fáciles de vender.

Justamente es allí donde debemos centrar toda la atención; en ubicar los productos más adecuados para comenzar a generar ingresos extra, de manera rápida, en la plataforma de comercio electrónico. Así que, sin más preámbulo, les dejaré una guía clara que va a permitirles seleccionar los productos más adecuados para vender en Amazon.

1) Vender en Amazon suele ser poco rentable y fácil.

2) Podemos dedicarnos totalmente a vender en Amazon ya desde el inicio.

3) Para lograr mucho ingreso, fruto de las ventas, vamos a necesitar disponer de productos recién creados y llamativos.

4) Debemos centrar la atención en artículos muy buscados por los consumidores.

5) Los productos, si tienen buena calidad, son fáciles de vender.

5. Lee el siguiente texto, escoge la opción más correcta. 阅读并选择正确答案。

¿Qué es un buen producto para vender en Amazon?

En general, en todo negocio solemos ___1)___ en satisfacer las necesidades de un nicho de mercado especifico. Sin embargo, la ___2)___ de vender en Amazon es que no existe un solo espacio, por lo tanto, en lugar de enfocarnos en encontrar productos específicos, debemos centrar la búsqueda en productos que ___3)___ rentables en cuanto a las ventas, sin importar el hueco al que pertenezcan. De ___4)___ hay muchos productos altamente lucrativos. Como vendedores es nuestro trabajo reconocerlos. En ___5)___ palabras, si quieres especializarte, en lugar de buscar un espacio y encontrar el producto perfecto, deberás hacerlo a la inversa; encontrar un producto rentable para una fácil venta y ganar ese nicho de mercado.

1) A. mirarnos　　　　　B. enfocarnos　　　　　C. vernos

2) A. ventaja　　　　　　B. desventaja　　　　　C. conveniente

3) A. son　　　　　　　　B. se tratan　　　　　　C. sean

4) A. hecho　　　　　　B. verdad　　　　　　C. realidad
5) A. unas　　　　　　　B. otras　　　　　　　C. algunas

Frases usuales　常用表达

Hablar de la selección de productos. 谈论选品。

1) Seleccionar un producto es un proceso intenso y emocionante que comporta horas de sacrificio.
   选择产品是一个紧张又激动且需要时间的过程。
2) Vamos a explicar paso a paso el proceso para seleccionar productos rentables y con buenas expectativas de ventas.
   我们将逐步讲解选品流程，选择有良好销售预期的盈利产品。

6. Lee las siguientes frases y tradúcelas. 阅读下列句子并翻译。

1) No es sensato arriesgar en un producto de alto coste que generalmente no se vende en gran volumen.
2) Para una tienda desería asegurarse de ventas rápidas y constantes de productos de coste medio o bajo.
3) Venderlo por un buen porcentaje de ganancia. En mi caso ni siquiera miraría un producto cuya ganancia sea inferior al 30% de su costo.
4) Según sea tu elección del objeto en cuestión los resultados que podrás obtener de tu negocio variarán de manera considerable.

Antecesentes　延伸阅读

7. Lee y reflexiona. 阅读并思考。

Cómo Encontrar Productos Rentables (Paso a Paso)

¿Qué producto tengo que vender en Amazon? Esta es posiblemente la pregunta que más dudas te puede estar generando con este negocio de Amazon FBA, y con razón.

Elegir un mal producto (o poco adecuado para tu caso particular) va a ponerte las cosas muy difíciles para tu negocio en Amazon.

Ahora bien, si aciertas en el producto elegido, las posibilidades de creación de un negocio rentable que te reporte beneficios todos los meses se multiplican.

Por esta razón, la etapa de investigación de producto es la más importante dentro de todo el proceso de venta de productos físicos en Amazon.

Pues según sea tu elección del objeto en cuestión los resultados que podrás obtener de tu negocio variarán de manera considerable.

Ten en cuenta la diferencia entre "vendo productos en Amazon" y "tengo un negocio en Amazon". Es clave poder tener éxito a pesar de la creciente competencia que existe en Amazon y de la que pueda surgir en el futuro.

(Texto adaptado de http: //davidcantone.com/que-productos-vender-en-amazon/)

8. Contesta en base a la lectura. 根据阅读内容回答问题。

1) ¿Qué es Amazon FBA?

2) ¿Cómo se encuentran productos rentables?

3) ¿Es lo mismo "Vendo en línea" y "Tengo un negocio en línea"? ¿Por qué?

Lección 3　　Publicación de Productos
产品发布

 Objetivos　学习目标

— Conocer la estrategia de la publicación de productos
　学习产品发布的策略
— Poder publicar los productos online con la estrategia correcta
　能够运用恰当的技巧进行电商发布

Introducción　情景导入

　　本课讲述通过亚马逊商城网络服务（亚马逊 MWS 服务）实现产品发布。该服务可帮助卖家以编程的方式交换列表、订单，付款、报告等数据，实现销售自动化，提高销售效率，改善回复客户时间。亚马逊平台上专业卖家账户可以发布产品，个人账户则不能发布产品。进入亚马逊专业卖家账户并且注册使用亚马逊 MWS，卖家可以创建应用程序，主要集中在库存管理，订单管理和报告管理这三方面。

　　En esta lección explicamos cómo publicar productos en Amazon a través del servicio Amazon MWS (Marketplace Web Service). Es un servicio web API integrado que permite a los vendedores de Amazon intercambiar programáticamente datos de listados, pedidos, pagos, informes y mucho más. Al utilizar Amazon MWS, los vendedores pueden realizar de manera automática la venta en concreto, aumentar su eficacia y mejorar su tiempo de respuesta al cliente. Una cuenta profesional puede publicar productos; sin embargo, en una cuenta individual esta función no está disponible. Al entrar en la cuenta profesional de Amazon y darse de alta en el MWS de Amazon, los vendedores pueden crear un programa aplicativo, que se concentra en la administración del inventario, los pedidos y los informes.

Curiosidades 任务驱动

1. Observa la siguiente información y contesta a las preguntas. 请观察以下信息并回答问题。

Amazon Marketplace Web Service (Amazon MWS)
Selección de cómo conectar a tu cuenta de Amazon

○ Quiero acceder a mi cuenta de vendedor de Amazon mediante MWS.

○ Quiero utilizar una aplicación para acceder a mi cuenta de vendedor de Amazon mediante MWS.
   Nombre de la aplicación:
   Número de cuenta del desarrollador de la aplicación: Por ejemplo, 1234-1234-1234 o 123412341234

○ Quiero que un desarrollador pueda acceder a mi cuenta de vendedor de Amazon mediante MWS.
   Nombre del desarrollador:
   Número de cuenta del desarrollador: Por ejemplo, 1234-1234-1234 o 123412341234

1) ¿Qué es este servicio de Amazon MWS?

2) ¿Qué ha seleccionado este vendedor? ¿Por qué?

3) ¿Este vendedor sabe cómo se publica un producto en su tienda online?

4) ¿Qué tiene que preparar para publicar dicho artículo en esa misma tienda?

2. Escribe el significado de las palabras en chino. 请用中文注释下列词语。

1) Amazon MWS _____   2) plan de ventas profesional _____
3) plan de ventas individual _____   4) acceder a mi cuenta _____
5) publicación de productos _____   6) hacer clic _____
7) enhorabuena _____   8) contratar _____
9) método de envío _____   10) precio en promoción _____

Aprendemos 学习内容

❶

Publicar productos para la venta

Para publicar productos en Amazon，debemos seguir los siguientes pasos：iniciar sesión en el Panel de Control de nuestra tienda online con la cuenta de administrador. Ojo：Esta acción requiere que tengamos contratado en Amazon un "***Plan de ventas PROFESIONAL***" (no está disponible para planes de venta de tipo "Individual").

A través de la Tienda de servicios en el Panel de Control de la tienda online, realizamos la contratación del servicio llamado "***Publicación de productos en Amazon***" para así activar el módulo que nos permitirá conectar con Amazon. Aconsejamos darse de alta en el MWS de Amazon para obtener los identificadores de cuenta de vendedor.

Seleccionamos la opción "***Quiero acceder a mi cuenta de vendedor de Amazon mediante MWS***". De esta forma, Amazon generará los credenciales e identificadores de cuenta, mostrándonoslos en una pantalla similar a la siguiente imagen:

Publicar productos para la venta

Una vez que hayamos introducido toda la información necesaria para crear un nuevo producto, podremos crear un listado con información específica para los productos del inventario. Los campos obligatorios están marcados con un asterisco. Si el estado del producto no es nuevo, tenemos que añadir comentarios para describir sus características.

Seguidamente, hemos de seleccionar el método de envío. Se puede mandar por correo directamente los pedidos a los clientes o utilizar el servicio de logística de Amazon para que ésta compañía realice su transporte y llegada al destino.

Hagamos clic en **Guardar y finalizar** y estará todo listo para empezar su venta. Podemos modificar la información del listado en cualquier momento o crear rápidamente nuevas ofertas del mismo producto para ofrecerlo en diferentes estados. Si alguna vez queremos interrumpir la venta de un artículo, podemos eliminarlo del listado. Para más información sobre cómo modificar dicho listado, debes consultar los conceptos especiales que encontrarás a continuación.

Nota：
- Insertado un producto en la red, por lo general, deben pasar alrededor de 15 minutos para que aparezca en Amazon. Puede ser que algunos detalles e imágenes no aparezcan hasta pasadas 24 horas.
- Tras añadir un nuevo producto o lista, comprueba si puedes encontrarlos mediante las funciones de búsqueda y navegación.
- Si no podemos encontrar nuestros artículos, consultaremos los temas de búsqueda, navegación y ¿*Cómo puedo encontrar mis productos?*

Vocabulario 词汇

publicar	tr.	发布	asterisco	m.	星号
contratar	tr.	聘用	página de detalles		详情页
credencial	f.	委任书，委任状	compartir	tr.	分享
identificador (ID)	m.	标识符	público	m.	公众

darse de alta		开通	pendiente	m.	耳环
credencial	m.	委托单	insertado, da	p.p.	被插入的
inventario	m.	清单			

Ejercicios 练习

3. Elige la opción más adecuada según el contenido de los textos. 根据课文内容选择正确答案。

1) Para publicar los productos que queremos en Amazon, debemos _____.

    A. seguir los pasos necesarios

    B. hacer lo que queramos

    C. crear desde cero con nuestra imaginación

2) El servicio de publicar productos está disponible para un plan de venta _____.

    A. individual

    B. profesional

    C. colectiva

3) Para obtener los identificadores de cuenta de vendedor de Amazon, los vendedores <u>se tienen que dar de alta</u> en el MWS de Amazon. ¿Qué significa se tienen que dar de alta?

    A. Tienen que activar el servicio.

    B. Poner la cuenta en un sitio más alto.

    C. Tienen que conectar la cuenta con Amazon.

4) Los pedidos se envían a los clientes _____.

    A. directamente

    B. a través del servicio de logística de Amazon

    C. con el método que elijamos

5) ¿Cuál de las siguientes afirmaciones es correcta?

    A. Una vez introducida la información necesaria para crear un nuevo producto, ya lo podremos poner a la venta.

    B. Tras crear un artículo, toda la información aparecerá en Amazon enseguida.

    C. Si deseamos crear una nueva página de detalles de un producto que comparta la información con otro que ya esté publicado, podremos copiar los datos directamente del producto ya existente.

4. Lee el texto y elige el título que corresponde a cada párrafo. 请阅读短文并选择各段对应的标题。

Estrategia para recopilar la información del producto

Antes de publicar el producto, asegúrate de que la siguiente información esté disponible.

Información a proporcionar	Descripción
(1)	La mayoría de los artículos tienen asociado un código de identificación único, ya sea un UPC o ISBN. Este código ayuda a que su página de detalles contenga datos exactos.
(2)	Las imágenes del producto permiten a los clientes ver claramente el artículo que ofreces. Además, puedes utilizarlas para destacar características especiales. Prepara tus imágenes para que tengan el tamaño adecuado para cargarlas.
(3)	*Mejorar listados* es una herramienta para mejorar las ventas y las vistas de productos mediante la incorporación de sus características al listado. Las oportunidades de mejora detectadas aparecen en la cuenta de Seller Central (en Inventario ＞ Administración de inventario ＞ Mejorar listados).
(4)	Tu oferta incluye el precio del producto, el estado, la cantidad y las opciones de envío que ofreces. Puedes actualizar los datos de la oferta en cualquier momento.
(5)	Las palabras clave adecuadas pueden facilitar a los compradores la búsqueda de tus productos.

A. Mejorar listados

B. Palabras clave y términos de búsqueda

C. Detalles de la oferta

D. Código de identificación

E. Imágenes del producto

5. Escribe en español el proceso que tienes que realizar para publicar tus productos en línea. 请用西班牙语写出你发布网络产品的过程。

Frases usuales 常用表达

Hablar de publicar productos online. 谈论网店发布产品。

1) Para poder publicar tus artículos en Amazon, debes seguir los siguientes pasos (deberás iniciar sesión en el Panel de Control de tu tienda online con la cuenta de administrador)
要在亚马逊上发布产品，你应该遵循以下步骤（要用管理者账号登录网店的控制面板）。

2) Haz clic en Guardar y finalizar y, seguidamente, estará todo listo para que empieces a tener ventas potenciales de tus productos.

点击保存和结束，一切准备就绪可以开始销售你的产品了。

6. Lee las siguientes frases y tradúcelas. 阅读下列句子并翻译。

1) Puedes modificar la información de tus listados en cualquier momento. También puedes crear rápidamente nuevas ofertas del mismo producto para ofrecerlo en diferentes estados.

2) Si deseamos crear una nueva página de detalles de un producto que comparta la mayor parte de la información con otro producto publicado, podemos utilizar la función Copiar.

3) Las palabras clave adecuadas pueden facilitar a los compradores la búsqueda de tus productos.

4) Las imágenes del producto permiten a los clientes ver claramente el artículo que ofreces.

Antecesentes 延伸阅读

7. Lee y reflexiona. 阅读并思考。

Copiar un nuevo producto

Si deseamos crear una nueva página de detalles de un producto que comparta la mayor parte de la información con otro producto publicado, podemos utilizar la función *Copiar*. Por ejemplo, disponemos de tres versiones de unos pendientes y cada versión tiene un tema y un identificador diferente, pero comparten el mismo fabricante, el nombre de la marca, la descripción básica del producto y el público al que va dirigido. En tal caso, podemos crear una página de producto para una de las versiones de los pendientes y, a continuación, usar la función *Copiar* para crear otras nuevas páginas para los otros dos colgantes.

(Texto adaptado de https: //sellercentral.amazon.com/gp/help/external/200216090? language=es_ES&ref=efph_200216090_cont_200216040)

8. Contesta en base a la lectura. 根据阅读内容回答问题。

1) ¿En qué situación podemos utilizar la función *Copiar*?

2) ¿Cómo se aprovecha la información antigua para un nuevo producto?

Lección 4　　Gestión de Pedidos
订单管理

 Objetivos　学习目标

— Aprender cómo conocer el estado de los pedidos
学习如何实时掌握订单状态
— Poder gestionar con buena estrategia los pedidos y los defectuosos, cancelados y atrasados
能够运用恰当的技巧管理订单并处理问题订单、被取消的订单和延迟订单
— Poder gestionar el envío de los pedidos, el seguimiento y la fecha de entrega
能够管理订单发送，追踪货件，了解送达时间

Introducción　情景导入

　　本课我们学习如何更好地管理网店的订单。在管理页面上订单被分为两类：待付款订单和待发货订单。订单准备就绪后，我们开始准备发货给客户。在"订单管理"菜单中，可以查询到：确认订单、取消、退款等详细信息。一旦确认发货，将会发送物流信息给客户。

　　En esta lección aprenderemos cómo organizar bien los encargos en nuestra tienda online. En la página de gestión, los pedidos se dividen en dos categorías: "pendientes de pago" y "pendientes de envío". Una vez listo el pedido prepararemos el producto para enviárselo al cliente. En el menú de "gestión de compras", se puede consultar los detalles de envío, confirmación, cancelación y reembolso. Cuando confirmemos el envío, la información logística le llegará al cliente.

Curiosidades　任务驱动

1. Observa las siguientes fotografías y contesta a las preguntas. 观察图片并回答问题。

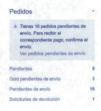

Gestionado por el vendedor		
Lista de comprobación del rendimiento		
Ratio de comprobación del rendimiento	Ratio de cancelaciones	Ratio de envíos atrasados
☐ 0% (A largo plazo) objetivo $< 1\%$	☐ 0% (30 días) objetivo $< 2.5\%$	☐ 0% (30 días) objetivo $< 4\%$
☐ Ratio de devoluciones no satisfactorias ☐ Incumplimiento de obligaciones contractuales ☐ Tiempo de respuesta		
Ratio de envíos con seguimiento		Indicadores de rendimiento en Amazon

1) ¿De qué tratan las dos fotografías anteriores? Explícalo con detalle.

2) ¿Qué son el *Ratio de pedidos defectuosos*, el *Ratio de cancelaciones* y el *Ratio de envíos atrasados*?

2. Escribe el significado de las palabras en chino. 请用中文注释下列词语。

1) pedidos _____ 2) pendientes o colgantes _____

3) pendientes de envío _____ 4) solicitudes de devolución _____

5) ratio de pedidos defectuosos _____ 6) ratio de cancelaciones _____

7) ratio de envíos atrasados _____ 8) comprobante _____

9) cancelar pedidos _____ 10) reclamación _____

Aprendemos 学习内容

Para organizar bien los pedidos de nuestra tienda online, necesitamos tenerlos listos en su debido momento. En la página de la tienda hay un resumen de todos los que hemos realizado. Los dividiremos en dos tipos: los "pendientes de pago", son aquellos cuya transacción aún no se ha completado; y los "pendientes de envío" son aquellos pedidos cuya transacción ya ha sido realizada, por lo que requieren que el producto sea preparado, embalado y enviado, teniendo en cuenta la organización de su transporte y el plazo de logística.

En el menú de "gestión de pedidos", se pueden consultar datos como los detalles del envío, incluso las opciones relativas a la confirmación, cancelación, reembolso y envío de los pedidos.

Una vez está listo el pedido, debemos proceder a preparar el producto. Cuando el transportista finalmente se lo lleve embalado, deberemos confirmar el envío especificando su nombre, así como el número de seguimiento (*Tracking number*). En este momento es cuando un mensaje de confirmación será enviado al cliente, aunque también tenemos la opción de ponernos en contacto con él de forma directa. Se recomienda ponernos en contacto con el comprador indicándole que su pedido ya está en camino, la fecha aproximada de entrega y el número de seguimiento para que pueda hacer el seguimiento. De esta manera el cliente estará bien informado de este proceso en todo momento. Esto es básico y también aumenta las posibilidades de una buena valoración tras su recepción. Hemos de pensar que la satisfacción del usuario es la premisa del negocio.

Es muy importante mantener unos niveles óptimos respecto a los parámetros fijados por Amazon, ya que el continuo quebrantamiento podría llevarte a la suspensión de la cuenta. Básicamente, los indicadores de rendimiento se fijan en tres ratios[①] distintos: el de pedidos defectuosos (basado en el número de reclamaciones, valoraciones negativas, etc.), el de cancelaciones (correspondiente a los pedidos auto gestionados que son cancelados por el vendedor antes de pasar a la fase de confirmación del envío) y el de envíos atrasados (pedidos cuya recepción se completa detrás de la fecha prevista).

Entrando en el apartado "pedidos" y pulsando sobre el pedido podremos ver el estado de dicho envío y la comunicación realizada con el comprador. En caso de necesitar ponernos en contacto con el comprador, podemos pinchar su nombre y enviarle un mensaje.

---

① ratio，同第 64 页。

Fecha del pedido ▽	Detalles del pedido
27/11/20 25 20:44:50 GMT+01:00	202-1890825-1286721 **Copele Tolva Desmontable Master-Dog** CANT.: 1 ASIN: SKU: Contactar con el comprador: si Canal de venta: Amazon.co.uk Gestión logística: Vendedor

(Parte adaptada de_https://www.interdigital.es/blog/amazon-gestionar-pedidos-sin-fba/)

Vocabulario 词汇

premisa	f.	前提，先决条件	valoración negativa	f.	差评
Número de Seguimiento		查询号	cancelación	f.	取消
quebrantamiento	m.	违规	envíos atrasados		延迟发货
ratio de pedidos defectuosos		缺陷订单率	pendiente	adj.	悬而未决的
reclamación	f.	投诉	pendiente de envío		尚待发货的

Ejercicios 练习

3. Elige la opción más adecuada según el contenido de los textos. 根据课文内容选择正确答案。

1) Para organizar bien los pedidos de nuestra tienda online, necesitamos tenerlos <u>listos</u> en su debido momento. ¿Qué significa listos en esta frase?

   A. Impresos.

   B. Preparados.

   C. Lista.

2) Dividiremos los pedidos en _____.

   A. pedidos defectuosos y buenos

   B. pendientes de realizar

   C. pendientes de pago y de envío

3) ¿Dónde se puede consultar la lista de productos, confirmación y cancelación?

   A. En el menú del envío de producto.

   B. En el menú de la gestión de pedidos.

   C. En la página de la tienda.

4) ¿Qué significa *reembolso* en el texto?

   A. La devolución del dinero.

B. Devolver la mercancía.

C. El pago de la mercancía.

5) Cuando el transportista se lleve el producto embalado, se recomienda _____.

A. mantener al cliente informado

B. anotarlo en el menú de trabajo

C. dejarle un mensaje al transportista

6) Entrando en el apartado "pedidos" y pulsando sobre el pedido podemos ver _____.

A. cómo va el pedido

B. la comunicación con el transportista

C. el estado del envío y la comunicación con el cliente

4. Lee el texto y rellena los espacios en blanco con las palabras correctas. 请阅读短文并用恰当的词语填空。

Diferentes fases de la gestión de pedidos

Dentro de nuestra página de la Central de vendedores nos será fácil organizarnos para tener claros los pedidos y tenerlos listos en su __1)__ momento. La parte superior de la página alberga un resumen de todos los encargos __2)__, que __3)__ en dos tipos: por un lado, tenemos los "pendientes", los cuales hacen referencia a aquellos pedidos cuya transacción aún no se ha completado (no hará falta realizar __4)__ otra acción hasta que pasen al siguiente estadio) y, por otra parte, tenemos los "__5)__ de envío", aquellos pedidos cuya transacción ya ha sido realizada, por lo que requieren que el producto sea preparado y enviado, __6)__ en cuenta toda la organización de transporte que esto conlleva.

Hay varias maneras de mantener la satisfacción del cliente. Se recomienda optar por los envíos con __7)__ para que los clientes sepan en qué lugar se encuentran sus pedidos. Si no hemos incluido este servicio, es muy importante __8)__ siempre a las consultas de los clientes sobre los envíos.

| seguimiento | ninguna | responder | debido |
| realizados | teniendo | pendientes | dividiremos |

5. Imagina que ahora tienes 10 pedidos: 6 están pendientes de pago, 2 están en camino y los otros 2 han solicitado reembolso. Escribe los pasos concretos para conseguir una buena gestión de estos pedidos. 假设你现在有10个订单，其中6个待付款，2个已在物流途中，2个要求退款，请你写出你管理订单的具体步骤。

Frases usuales 常用表达

Hablar de la gestión de pedidos. 谈论订单管理。

1) Básicamente, los indicadores de rendimiento se fijan en tres ratios distintos: el de pedidos defectuosos, el de cancelaciones y el de envíos atrasados.

通常情况下，绩效指标取决于三种不同的比率：缺陷订单率，取消订单率和延迟发货率。

2) El ratio de pedidos defectuosos está basado en el número de reclamaciones y valoraciones negativas.

缺陷订单率基于索赔数量和差评。

6. Lee las siguientes frases y tradúcelas. 阅读下列句子并翻译。

1) Tu continuo quebrantamiento podría llevarte a la suspensión de la cuenta.

2) Entrando en el apartado "pedidos" y pulsando sobre el pedido podemos ver el estado de dicho envío y la comunicación realizada con el comprador.

3) Para cada producto en nuestra tienda, tenemos un plazo de entrega concreto, que depende del método de envío elegido.

4) Dicho servicio de mensajería entrega envíos dentro de 5 días hábiles después de recibir el paquete en nuestro almacén central.

Ampliación 延伸阅读

7. Lee y elige la palabra más adecuada para el siguiente texto. 请阅读并选出最恰当的词语。

Envío y pago

En la tienda online *frutahoy.es* se puede encontrar una __1)__ de opciones de envío, de las cuales el cliente puede escoger la que más le convenga. A continuación, se puede observar que sus precios __2)__ según el método empleado y el pago que se elija para cada pedido.

Precios de envío siguiendo el ejemplo de la península ibérica.

	Contra reembolso	Servicio de mensajería	Gratis para pedidos desde
Precios de envío	2,8€	4,8€	80€

Entrega únicamente a la península ibérica, sin servicio de __3)__ a las Islas Canarias, Islas Baleares u otros enclaves españoles fuera de la __4)__ .

— Plazo de entrega. Para cada producto en nuestra tienda, tenemos un plazo de entrega concreto, que depende del método de envío __5)__. Si el producto está listo para su envío inmediato desde el almacén central, la fecha estimada de entrega es visible en la sección. Sin embargo, si el producto se envía desde un almacén para la península ibérica, la entrega puede demorar entre 5 y 7 días después de que __6)__ el envío.

— Servicio de mensajería. Dicho servicio de __7)__ entrega envíos dentro de 5 días hábiles después de recibir el paquete en nuestro almacén central. Siempre __8)__ su envío por correo electrónico y mensaje en la plataforma, incluidos el número de paquete, el contacto del centro de atención al cliente y el enlace al sistema de seguimiento del operador, donde se puede verificar la __9)__ del envío.

1) A. amplia gama   B. estrecha gama   C. rango amplio
2) A. diferencian   B. varían   C. modifican
3) A. Courier   B. transferencia   C. entrega
4) A. España   B. península   C. Europa
5) A. elegido   B. opcional   C. más rápido
6) A. se realiza   B. se realice   C. se cursa
7) A. correos   B. cliente   C. mensajería
8) A. escribiremos   B. confirmaremos   C. gestionaremos
9) A. ruta   B. agenda   C. seguimiento

Unidad 4
第四章

Diseño de Tiendas Online y Descripción de Productos 网店设计与产品描述

Lección 1   Características del Diseño Visual de Tiendas Online   网店视觉设计特点

Lección 2   Diseño de la Página de Detalles de Producto Online   产品详情页的设计

Lección 3   Diseño de una Tienda Online   网店设计

Lección 4   Tendencias del Diseño de Tiendas Online   网店设计理念

Lección 1　Características del Diseño Visual de Tiendas Online
网店视觉设计特点

　Objetivos　学习目标

— Conocer la importancia del diseño visual de tiendas online
　了解网店视觉设计的重要性
— Conocer las características y la forma de presentación del diseño visual de tiendas online
　了解网店视觉设计特点与呈现方式
— Poder diseñar la parte visual de una tienda online a nivel básico
　能够初步进行网店视觉设计

Introducción　情景导入

在实体店我们可以感受到产品或尝试产品，然而在网店我们却什么也摸不到。因此，电子商务的产品呈现方式非常关键。由于用户在电子商务中不能感知和尝试产品，我们可以通过提供上乘的信息质量，如视觉效果和文字风格，来弥补这一缺陷。

优秀的网店设计，融入良好的产品描述、图片和价格的呈现方式，我们就可以立即开始销售产品了。

En una tienda física podemos sentir físicamente el producto o probarlo, sin embargo, en una tienda online no podemos tocar nada. Por eso la manera en que se presentan los productos para un negocio de comercio electrónico es vital. Podemos superar el inconveniente de que un usuario no pueda tocar o probar el producto en un e-commerce, con la calidad en la información que ofrezcamos tanto visual como en estilo de redacción.

Con un buen diseño de la tienda online, introduciendo las descripciones, imágenes y precios para presentar los productos, ya podemos comenzar a venderlos de inmediato.

Curiosidades　任务驱动

1. Observa la siguiente fotografía.

（图片来源：www.custo.com。）

1) Cuando visitamos una tienda online, ¿qué es lo que vemos primero?

2) ¿Nos fijamos más en las fotos o en el texto cuando visitamos una tienda online?

2. Escribe el significado de las palabras en chino. 请用中文注释下列词语。

1) característica _____　　2) diseño _____

3) diseño visual _____　　4) superar la desventaja _____

5) estilo de redacción _____　　6) imagen _____

7) calidad de imagen _____　　8) destacar el producto _____

9) tener en cuenta _____　　10) de forma estética _____

Aprendemos　学习内容

Característica del diseño visual de la tienda online

Cuando vamos a una tienda física, podemos ver el producto, tocarlo o probarlo. Sin embargo, esta interactividad no se puede conseguir del mismo modo desde una tienda online. Por eso, la manera en que se presentan y se muestran los productos en un comercio electrónico, es vital para minimizar la desventaja que implica el simple hecho de no llegar a "tocarlo" antes de finalizar la compra. Hoy hablamos de la importancia de contar con una buena imagen de producto para una tienda online.

Para superar la desventaja de que un usuario no puede tocar o probar el producto en un e-commerce, podemos compensarlo con calidad en la información que ofrezcamos tanto visual (fotografía de producto) como en estilo de redacción. De este modo aumentaremos las probabilidades de convencerle gracias a una buena experiencia visual de usuario. Por lo tanto, la calidad de imagen y de redacción es clave.

（图片来源：www.zara.com。）

Entonces, ¿Cuáles son las características de un buen diseño visual para la tienda online?

Poco es mucho. Si nos fijamos en las páginas web de grandes marcas, vemos que en la página principal de los productos el estilo es fácil y solo se tiene que poner la información necesaria y la imagen. La página es sencilla y destaca el producto.

La distribución. Según estudios, la costumbre de leer sigue la forma "F". Por lo tanto, las descripciones en general tienen la forma F.

（图片来源：www.zara.com。）

Claridad de las clasificaciones de cada sección. De esta forma se puede encontrar lo que busca rápidamente.

Alineación de las fotos y textos. Si no se alineanlas fotos y textos, da una impresión desordenada.

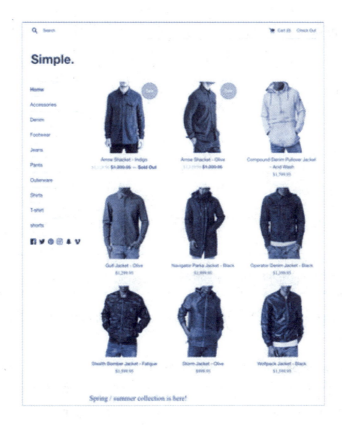

Observemos la página de Mango por ejemplo: por las tres imágenes sabemos lo que vamos a buscar en la tienda online.

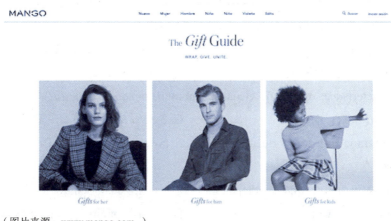

（图片来源：www.mango.com。）

Evidentemente hay otras características a tener en cuenta. Cuando empezamos el diseño visual, es aconsejable no apresurarse. Lo importante es concentrarse en la función de cada página y transmitir la información de forma específica y estética para que los clientes se interesen y compren motivados.

Vocabulario 词汇

característica	f.	特点	diseño	m.	设计
e-commerce（源自英语 Electronic Commerce，常用于商务西班牙语中）		电子商务	de inmediato		立刻
compensar	tr.	补偿	imagen	f.	图片
redacción	f.	作文，文本	fijarse en		关注，盯着看
tener en cuenta		关注，注意	específico, ca	adj.	详细的
estético, ca	adj.	美学的，美观的			

Ejercicios 练习

3. Elige la opción más adecuada según el contenido de los textos. 根据课文内容选择正确答案。

1) Con _____ podemos empezar a vender los productos online de inmediato.
   A. buenos productos　　　　　　　　B. buena calidad
   C. buen diseño de productos　　　　D. buena imagen

2) ¿Dónde se puede probar y tocar el producto?
   A. En cualquier tienda física.　　　B. En las tiendas de moda.
   C. En cualquier tienda.　　　　　　D. En cualquier tienda online.

3) ¿Qué desventaja tiene una tienda online según el texto?
   A. Demasiados productos.　　　　　B. No se puede tocar el producto.
   C. No se puede ver el producto.　　D. Pocos productos.

4) ¿Cuántas características del diseño visual se han mencionado en el texto?
   A. 1　　　　　B. 2　　　　　C. 3　　　　　D. 4

5) Cuando tenemos una tarea de diseño visual para una tienda online, lo importante es _____.
   A. tener en cuenta la función de cada página　　B. hacerlo cuanto antes
   C. hablar con un diseñador　　　　　　　　　　D. mirar la página de otras marcas parecidas

4. Lee el texto y rellena los espacios en blanco con la expresión correcta. 请阅读短文并用恰当的词语填空。

Tienda online a medida

Una tienda online a medida es una tienda con un diseño personalizado para la empresa. Entonces, ¿cómo __1)__ una tienda online? Es lo que se preguntan muchas empresas y __2)__ que quieren comenzar a vender sus productos a través de Internet. Pero no es una pregunta que tenga una respuesta __3)__, porque el desarrollo de un e-commerce (comercio electrónico) requiere un minucioso __4)__ de análisis y definición.

No se trata solo de tener un __5)__ en Internet a través del cual se puedan vender productos. Para obtener resultados (es decir, para vender) el __6)__ de tu tienda online debe tener en cuenta numerosos factores.

| universal | montar | emprendedores | proceso | diseño | escaparate |

5. Diseña tú tienda online con los siguientes productos. 请用以下产品为你的店铺进行设计。

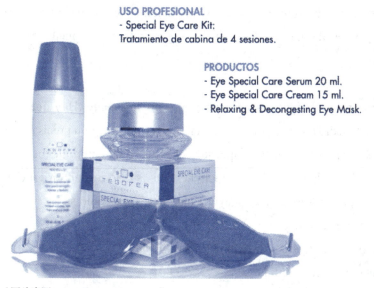

（图片来源：www.grupotegor.com。）

Frases usuales　常用表达

Hablar del diseño visual. 谈论视觉设计。

1) Con un buen diseño de productos podemos comenzar a venderlos de inmediato.

有了良好的产品设计，我们可以立即开始销售产品。

2) Por eso la manera en que se presentan y se muestran los productos en un comercio electrónico es vital.

因此电商产品呈现和展示的方式非常关键。

6. Lee las siguientes frases y tradúcelas. 阅读下列句子并翻译。

1) ¿Cuáles son las características de un buen diseño visual para la tienda online?

2) Cuando empezamos a diseñar para una tienda online, lo importante es tener clara la función de cada página y transmitirla de forma específica y estética para que los clientes se interesen y compren con ganas.

3) Un diseño atractivo y eficiente es necesario, pero no suficiente.

4) Para obtener resultados (es decir, para vender bien), el diseño de una tienda online debe tener en cuenta numerosos factores.

Ampliación 延伸阅读

7. Lee y reflexiona. 阅读并思考。

Tienda online a medida

¿Cómo montar una tienda online? Es lo que se preguntan muchos que quieren comenzar a vender sus productos a través de Internet. Pero no es una pregunta que se pueda responder de una sola forma.

Un diseño atractivo y eficiente es necesario pero no suficiente. Hay que tener en cuenta la intangibilidad del medio online, por ello es vital ofrecer información precisa y optimizada, tanto gráfica como descriptivamente. Por supuesto, el proceso de compra debe ser lo más sencillo posible. Es aquí donde la usabilidad y experiencia de usuario juegan un papel fundamental. La analítica web también nos será de gran ayuda para descubrir cómo se comportan los usuarios y optimizar así tu tienda online.

8. Contesta en base a la lectura. 根据阅读内容回答问题。

1) ¿Cómo montar una tienda online?

2) ¿A qué se refiere el hecho de tener un escaparate en Internet a través del cual se pueda vender productos?

3) ¿Cómo tiene que ser el proceso de compra?

Lección 2　Diseño de la Página de Detalles de Producto Online
产品详情页的设计

 Objetivos　学习目标

——Comparar varios diseños de las páginas de detalle
　　对比学习产品详情页设计
——Poder escribir la descripción del producto
　　能够编写产品介绍
——Poder diseñar la página de detalles de los productos
　　能够设计产品详情页

Introducción　情景导入

　　产品详情页的设计很大程度上取决于优质的产品图片和详细信息。当然也要考虑产品的行业和店铺的整体设计风格。优秀的设计可以提供灵感。本课通过几个成功案例来学习产品详情页的设计。

　　El diseño de la página de detalles depende mucho de tener buenas imágenes de producto y sus detalles. También es importante tener en cuenta el sector al que se dedica y el diseño general de la tienda online. Los buenos diseños nos pueden servir de inspiración. En esta lección estudiamos unos casos exitosos.

Curiosidades　任务驱动

1. Contesta a las siguientes preguntas. 请回答下列问题。

1) ¿Qué vemos primero cuando visitamos una tienda?
2) ¿Qué suele haber en la página de especificaciones del producto?
3) ¿Qué producto muestran en la siguiente fotografía?

（图片来源：https：//www.elcorteingles.es/。）

2. Escribe el significado de las palabras en chino. 请用中文注释下列词语。

1) factor _____ 2) detalle _____
3) tener en cuenta _____ 4) estilo _____
5) inspiración _____ 6) a la hora de _____
7) formar parte de _____ 8) encanto _____
9) presupuesto _____ 10) caso _____

Aprendemos 学习内容

Uno de los factores más importantes a la hora de crear una tienda online, es tener unas buenas imágenes de producto y sus detalles del producto. Pero es importante tener en cuenta el sector al que nos dedicamos y cómo es el diseño general de nuestra tienda online, para que nuestras imágenes de producto se adapten al estilo que estamos buscando.

Vamos a explicar unos ejemplos de las páginas de detalles con imágenes de producto que puedan servirnos de inspiración a la hora de crear nuestra tienda online.

Caso uno：LES ATELIERS es una tienda online que se dedica a la moda y a los complementos, y sus imágenes de producto están hechas de una forma menos profesional. Esas imágenes forman parte del encanto de la tienda, porque destacan la característica del artículo con un contraste bonito. A la derecha de la foto, aparecen las descripciones de los productos que salen en la imagen.

Vale la pena entrar en la tienda online y echar un vistazo para que podamos coger algunas ideas. Además, si no tenemos demasiado presupuesto puede ser una buena opción para empezar a trabajar con las fotografías de productos.

Caso dos：FLAMINGOS LIFE. Miramos esta tienda online que se dedica a vender sandalias para verano, aunque también encontraremos calcetines.

（图片来源：https: //www.lesateliers.com。）

Es interesante porque tiene unas imágenes de producto muy sencillas y que encajan perfectamente con el diseño de su web. Además, uno de sus puntos fuertes es su cuenta de Instagram, donde se ven muchas imágenes creativas de sus productos que pueden ser un punto de inspiración si queremos hacer algo diferente.

（图片来源：https: //www.flamingoslife.com/。）

（图片来源：www.instagram.com/flamingoslife/。）

Caso tres：SUPERBRITANICO. En esta tienda online vamos a encontrar gran variedad de artículos relacionados con la cultura inglesa：tazas，libros，agendas ... Pero para las fotografías de productos es una web que nos puede ayudar mucho si queremos elaborar imágenes que sean llamativas y poco habituales.

Es mejor pasar por la página y mirar todas las categorías para que veamos cómo se ven los productos en diferentes usos. No tiene desperdicio, es un ejemplo inspirador.

（图片来源：https：//www.superbritanico.com/。）

Caso cuatro：AIANA LAROCCA es una tienda de moda infantil y es perfecta si necesitamos inspiración porque sus imágenes dan muchos detalles de los artículos y además se puede ver cómo queda la ropa puesta. Sobre todo, si queremos dedicarnos al sector de la moda, una visita a esta página puede ser muy inspiradora. En cuanto a los detalles de los productos, también se muestran de una forma muy clara al lado de la imagen.

（图片来源：https://aianalaroccr.com/。）

Vocabulario 词汇

echar un vistazo		瞥一眼，看	térmico	adj.	热的，保温的
vale la pena		值得	autónomo, ma	m. adj.	自由职业者，自主的
desperdicio	m.	废物，残渣	No tiene desperdicio.		非常完美，无可挑剔
añadir al carrito		添加到购物车	Instagram		一款运行在移动端上的社交应用，以快速和有趣的方式实时分享图片
ir sobre ruedas		一切顺利	encajar	tr.	契合
envoltorio	m.	整体包装，外包装	inspirar	tr.	使产生灵感
grava	f.	（铺路的）碎石	de bolsillo		袖珍的
a juego		成套的	portabiberón	m.	奶瓶架

Ejercicios 练习

3. Elige la opción más adecuada según el contenido de los textos. 根据课文内容选择正确答案。

1) A la hora de crear una tienda online, es importante _____.

   A. hacer buenas fotos

   B. tener una imagen y los detalles del producto

   C. tener buen texto

2) Caso uno, es un ejemplo de _____.

   A. mucho presupuesto   B. una tienda de zapatos   C. una tienda de moda

3) La tienda online de FLAMINGO LIFE tiene las imágenes que _____.

   A. encajan con su diseño de web

   B. también salen en su tienda en Instagram

   C. son recargadas

4) En la tienda online de SUPERBRITANICO, _____.

   A. todos los artículos están relacionados con la cultura americana

   B. las imágenes son llamativas o poco habituales

   C. solo salen productos con la misma función

5) AIANA LAROCCA es una tienda online de moda infantil, podemos ver _____.

   A. muchos modelos infantiles

   B. muchos detalles de la tela

   C. cómo queda puesta la ropa

4. Lee el texto y rellena los espacios en blanco con las palabras correctas. 请听短文并用恰当的词语填空。

Página de detalles de productos (Idea para autónomos y PYMES)

Muchas veces no tenemos conocimientos previos sobre programación ni sobre ventas por Internet. Entonces es necesario crear una tienda online profesional de forma fácil y rápida con todas las __1)__. Es importante hacer un __2)__ de detalles de producto profesional. Lo más fácil es escoger un formato, __3)__ una o varias imágenes del artículo y su descripción. En pocos minutos, la tienda estará lista.

Un diseño bien definido y __4)__ de la página de detalles nos __5)__ tiempo y esfuerzo. Además, nos ayuda a capturar la atención de los visitantes y atraer a los clientes potenciales. La gente no va a dedicar mucho tiempo a __6)__ una página, ni sobre todo a leer todos los detalles de la descripción, por lo que es aconsejable crear un mensaje corto, directo y conciso. También recomendamos destacar las características de __7)__ y la facilidad de instalación o utilidad del producto para satisfacer la necesidad del cliente. A través de un diseño __8)__ de la página de detalles y con productos de alta calidad podremos tener un lanzamiento exitoso de nuestra tienda.

atractivo	visitar	ahorra	funciones
diseño	conveniencia	añadir	moderno

5. Analiza la siguiente página de detalles y rellena los espacios en blanco con las palabras ofrecidas. 分析下面的产品详情页，并用所给的单词填空。

（图片来源：https://www.bebitus.com/。）

Apta desde el nacimiento.

Tres ___1)___ de reclinado independientes para cada asiento.

!Con bolsillo ___2)___ en la capota para introducir una tableta y que los bebés puedan disfrutar de un agradable cuento o un juego didáctico mientras pasean!

Chasis __3)__ con fácil plegado tipo paraguas.

__4)__ acolchado para la cabeza.

Dimensiones en posición abierta：103 (alto) × 75 (ancho) × 71 (largo)

Dimensiones en posición cerrada：80 (alto) × 52 (ancho) × 105 (largo)

Peso：12 kg.

Incluye：

Dos reposacabezas.

Tres __5)__ acolchados

Tres bolsas portabiberón térmicas (保暖婴儿奶瓶袋)

2 sacos universales a juego

Comentarios de la página.

Como vemos，las __6)__ son de calidad y ofrecen diferentes visualizaciones del producto. De este modo podemos verlo con más detalle.

Además，no sólo muestra la descripción junto al artículo，sino que además，debajo ofrecen una __7)__ aun más detallada en la que nos dan toda la información y las __8)__ del artículo.

| ultraligero | multimedia | posiciones | cinturones |
| especificaciones | descripción | imágenes | reductor |

Frases usuales　常用表达

Hablar del diseño de la página de detalles. 谈论产品详情页的设计。

1) No tiene desperdicio，aquí dejamos un ejemplo para que te hagas una idea.

 无可厚非，这里我们有一个案例供你参考。

2) LAROCCA es una tienda de moda infantil y es perfecta si necesitas inspiración porque sus imágenes dan muchos detalles de los productos y además se puede ver cómo queda la ropa puesta.

 LAROCCA 是一家儿童时尚店，如果你需要灵感，这家店很适合，因为它的图片提供许多产品细节，而且还能看到上身的效果。

3) El proceso de diseño de la página de detalles fue sobre ruedas. (Todo fue muy bien.)

 产品详情页的设计过程一切顺利。

6. Lee las siguientes frases y tradúcelas. 阅读下列句子并翻译。

1) ¿Qué producto están mostrando en esta página web? Diseña la página de detalles del producto.

2) Es importante tener en cuenta el sector al que nos dedicamos y cómo es el diseño general de nuestra tienda online, para que nuestras imágenes del producto se adapten al estilo que estamos buscando.

3) La tienda es bastante buena porque tiene unas imágenes de artículo muy sencillas y que encajan perfectamente con el diseño de su web.

Ampliación 延伸阅读

7. Lee y reflexiona. 阅读并思考。

El lanzamiento de producto

Dotamos la imagen de marca de Gravafix de argumentos racionales y creíbles en forma de vivencia o experiencia emocional, para así hacer un lanzamiento de un producto exitoso. Evaluamos el artículo y lo posicionamos en un nicho diferencial en el mercado. Podemos comprobar que esta marca es una innovación real.

Estas son las premisas para la creación de la imagen de marca y el lanzamiento del producto de Gravafix. Captura de la atención: Además de ser innovador y útil, en el lanzamiento del artículo conseguimos llamar la atención resolviendo en la clave visual una necesidad oculta.

Conexión del mensaje con sus clientes potenciales: A través del envoltorio y la etiqueta, dejamos claro al consumidor qué es lo que hacemos. Estimulamos la necesidad del mercado y destacamos las características del producto. El mensaje que transmitimos: evita el hundimiento de superficies con grava. Hacemos que el beneficio para el usuario sea lo más claro y atractivo posible usando una imagen atractiva y un estilo sencillo con fondo blanco, que también sirve para el formato de móvil.

（图片来源：https://technical-garden.com/productos/?cat=gravafix。）

8. Contesta en base a la lectura. 根据阅读内容回答问题。

1) Este producto es _____.

2) *El tránsito de tu jardín irá sobre ruedas* significa _____.

3) Las tres ventajas técnicas de este producto son _____, _____, _____, también _____.

Lección 3　Diseño de una Tienda Online
网店设计

Objetivos　学习目标

— Conocer las características y diseño general de una tienda online
　了解网店总体设计与特点
— Poder diseñar a nivel básico una tienda online
　能够初步进行网店设计

Introducción　情景导入

本课将学习网店设计的一些特点和案例，设计风格越有吸引力，产品就越有销售的可能。需要注意的几点：专业的图像、快速浏览、字体、精良的页面组织或视觉层次结构以及文本和图像之间的理想平衡。

En esta lección enseñamos características y ejemplos de tiendas virtuales bien diseñadas ya que cuando más atractiva sea, más posibilidades hay de realizar la venta. Hay varios puntos a tener en cuenta: imagen profesional, navegación rápida, la tipografía, buena organización o jerarquía visual y balance ideal entre texto e imágenes.

Curiosidades　任务驱动

1. Contesta a las siguientes preguntas. 请回答下列问题。

1) Observa la fotografía, ¿el diseño del ordenador y el formato de móvil son idénticos?

2) ¿Qué característica debe tener el diseño de una tienda online?

（图片来源：http://bliss.com。）

2. Escribe el significado de las palabras en chino. 请用中文注释下列词语。

1) destacar _____   2) transmitir _____
3) percepción _____   4) realizar compras _____
5) desconfianza _____ 6) tipografía _____
7) por lo contrario _____ 8) factor _____
9) por este motivo _____ 10) jerarquía visual _____

Aprendemos 学习内容

Diseños de tiendas virtuales que destacan

Cuando un usuario entra en una tienda virtual, lo primero que observa es el diseño general. Si la primera impresión que transmite es agradable, hay más posibilidades de que la compra se realice. Si por el contrario, la tienda electrónica parece dejada y desordenada, generará desconfianza e inseguridad entre los posibles compradores. Aunque el producto o servicio que se quiera vender sea increíble, ha de tener gran importancia el diseño visual. Este tiene que ser atractivo, limpio y ajustado al tipo de producto que se vende en la tienda online.

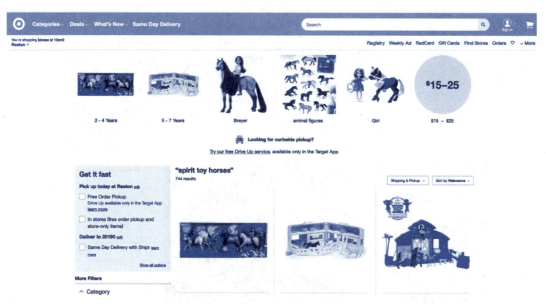

（图片来源：https://www.target.com/s/spirit+toy+horses?Nao=0。）

¿Cuál es la clave para tener un excelente diseño visual y lograr convertir a los visitantes en compradores? La clave consiste en tener en cuenta varios puntos: imagen profesional, navegación rápida, la tipografía, buena organización o jerarquía visual, y balance ideal entre texto e imágenes.

El diseño general. El diseño tiene que representar al producto. Es necesario que la imagen de la tienda se adapte a lo que queremos vender por Internet. Por ejemplo, no haremos el mismo diseño para una tienda de joyas que para una tienda de accesorios de bicicleta. Los colores, la distribución del contenido y las imágenes serán diferentes para las dos tiendas.

La tipografía. Generalmente recomendamos usar la misma tipografía en la página online, porque resulta más práctico, unitario y también por un tema visual. Una página web que mezcla distintas tipografías en sus contenidos se percibe normalmente como un sitio poco profesional y que no cuida su aspecto. Sin embargo, para destacar algunos puntos y crear algunos efectos, sí que podemos introducir diferentes tipografías y tamaños.

Imagen profesional. Usar imágenes de calidad puede repercutir enormemente en el número de compras de la tienda online. A diferencia de una tienda física, los clientes no pueden ver realmente el producto, por este motivo las imágenes online tienen que ser la viva representación de lo que se vende, con un fondo neutro y con una resolución correcta. Y sería mejor que los productos tuvieran más de una imagen.

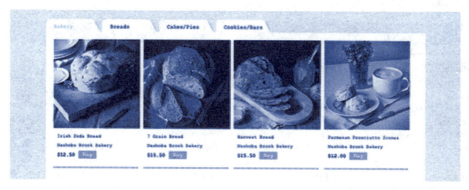

(图片来源:http://manykitchens.com/。)

Buena organización de los artículos. Debemos hacer hincapié en la importancia de organizar una tienda virtual. Aunque el diseño tenga todos los factores arriba mencionados (sencillo, moderno, limpio, ajustado al tipo de producto, etc.) el visitante debe encontrar todo lo que busca de manera fácil. Los artículos aparte de tener imágenes atractivas, sobre todo deben tener una buena descripción para que el posible cliente lea toda la información. Además, el buscador debe aparecer en todas las páginas y de la forma más visible posible para que los visitantes puedan encontrar los artículos dentro de la tienda virtual.

(图片来源:https://www.forever21.com/us/shop。)

Vocabulario 词汇

percepción	f.	感觉	resolución	f.	分辨率
dejado, da	p.p.	疏忽的，漫不经心的	tipografía	f.	字体
hacer hincapié		强调	inputs	m.	输入
buscador	m.	搜索引擎	fondo	m.	背景
gráfico, ca	adj.	图示的	neutro, tra	adj.	中性的

Ejercicios 练习

3. Elige la opción más adecuada según el contenido de los textos. 根据课文内容选择正确答案。

1) Cuando un usuario nuevo entra en una tienda virtual, lo primero que ve es / son _____.

    A. las fotografías

    B. el diseño general

    C. los textos

2) Si el producto o servicio que se quiere vender es estupendo, _____.

    A. no importará el diseño de la tienda

    B. aún importa mucho el diseño de la tienda

    C. el diseño podrá ser profesional

3) ¿Cuál es la clave para tener un excelente diseño visual y lograr convertir a visitantes en compradores?

    A. Hay que tener en cuenta varios puntos.

    B. Tener un diseño atractivo y ajustado al sector.

    C. Crear un diseño profesional y ajustado.

4) En cuanto a tipografía, recomendamos _____.

    A. usar el mismo tipo en general

    B. mezclar diferentes tipografías

    C. destacar siempre el tema principal

5) Las imágenes buenas _____.

    A. pueden traer más tráfico a la tienda online

    B. son bonitas y con resolución correcta

    C. pueden influenciar el número de compra

6) Los productos online aparte de tener imágenes profesionales, también requieren _____.

   A. una explicación exacta

   B. un texto de la función

   C. una buena descripción

4. Lee el texto y rellena los espacios en blanco con las palabras correctas. 请听短文并用恰当的词填空。

Debemos   1)   en la importancia de organizar una tienda virtual. Aunque el diseño tenga todos los inputs arriba mencionados (sencillo, moderno, limpio,   2)   al tipo de producto, etc.) el visitante debe encontrar todo lo que busca de manera fácil. Los   3)   aparte de tener imágenes atractivas, sobre todo deben tener una buena descripción para que el posible cliente   4)   toda la información de un modo práctico y sencillo. Por su parte, el buscador debe aparecer en todas las páginas y de la forma más   5)   posible para que los visitantes puedan buscar dentro de la tienda virtual.

| productos | hacer hincapié | visible | ajustado | lea |

5. Lee el texto y elige el título que corresponde a cada párrafo. 请阅读短文并选择各段对应的标题。

¿Qué hace que una tienda online sea más atractiva?

(1)	Como hemos comentado, la buena calidad de las fotografías de los productos es esencial para atraer a los posibles clientes y para que éstos no abandonen sus carritos.
(2)	Debemos incluir en el diseño de la tienda online gráficos, fondo de pantalla y tipos de letra que estén en sintonía con los productos que ofrecemos.
(3)	Los productos deben estar bien organizados por categorías. Es mejor incluir un buscador eficaz en la parte superior de la web, para que los clientes puedan encontrar fácilmente lo que buscan.
(4)	Una tienda online que cuenta con promociones y descuentos, convierte en ventas mucho más que una que no los ofrece. Pongámoselo fácil a los clientes y anunciemos los descuentos en la página principal con una ventana emergente o una pantalla deslizante, que aparezca nada más abrir la web.
(5)	Utilizar un solo tipo de letra es la mejor opción, pero no es la única, si queréis usar otro tipo de letra adelante. También es aconsejable usar tipos de letra estándar que estén instalados en todos los ordenadores. Si usáis una letra que el cliente no la tiene instalada en su ordenador, será sustituida por otra, normalmente por Times New Roman.

A. La navegación eficiente

B. La distribución de los productos y el diseño gráfico

C. La tipografía

D. Las actividades promocionales

E. La calidad de las imágenes del producto

6. Observa las siguientes fotografías de diseño de tiendas online y haz los siguientes ejercicios según las exigencias. 观察下列图片根据要求做以下练习。

1) Señala el tema principal de la tienda.

2) Explica las ventajas de cada una.

（图片来源：https://www.farwide.com/。）

（图片来源：https：//raredevice.net/。）

Frases usuales　常用表达

Hablar del diseño visual. 谈论网店设计。

1) Si por el contrario la tienda electrónica parece dejada y desordenada, el posible cliente puede tener la percepción de que no es una web segura para realizar sus compras.

　　另一方面，如果电子商店看起来凌乱不堪，潜在的客户会觉得这不是一个安全的购物网页。

2) El diseño de la tienda virtual ha de representar el producto.

　　网店的设计应能展现产品。

3) Ya sean tiendas de ropa, hogar o joyería, todas por igual han creado sitios únicos para su marca.

　　无论是服装店、家居店还是首饰店，所有店铺都为自己的品牌创造出了唯一的网页。

7. Lee las siguientes frases y tradúcelas. 阅读下列句子并翻译。

1) Debemos hacer hincapié en la importancia de organizar una tienda virtual.

2) En el diseño de la tienda online incluimos gráficos, fondo de pantalla y tipos de letra que estén en consonancia con los productos que ofrecemos.

3) A diferencia de una tienda física, los clientes no pueden ver realmente el producto, por este motivo, las imágenes tienen que ser la viva representación de lo que se vende.

4) Muchas tiendas han creado algunos nuevos diseños que impresionan, ya sea de un tema fuera de lo común combinado con hermosas fotografías, o un diseño personalizado destacando el tema principal de la tienda.

Ampliación 延伸阅读

8. Lee y reflexiona. 阅读并思考。

El diseño de una tienda online es la presentación de cara al público y la primera impresión que causarás a los posibles clientes. Muchas tiendas han creado algunos nuevos diseños exlusivos, ya sea un tema fuera de lo común combinado con hermosas fotografías, o un diseño personalizado destacando el tema principal de la tienda.

Ya sean tiendas de ropa, hogar o joyería, todas por igual, han creado lugares únicos para su marca. Si buscamos siempre encontraremos diseños valiosos que servirán para inspirarnos. Estas tiendas han descubierto la receta secreta del diseño de comercio electrónico.

Como todo buen panadero sabe que, para obtener un buen producto, se debe descubrir la relación perfecta entre los ingredientes y numerosas pruebas a lo largo del proceso de elaboración. Por lo tanto, para un buen diseño visual, mejorar la imagen de nuestra tienda virtual y una buena combinación de descripción, siempre traerán buenos resultados.

(Parte adaptada de https: //es.shopify.com/blog/15725600-46-disenos-de-tiendas-virtuales-que-destacan)

9. Contesta en base a la lectura. 根据阅读内容回答问题。

1) ¿Qué es el diseño de una tienda online?

2) En el texto se ha hablado de una profesión para explicar cómo diseñar una página de tienda online. ¿Cuál es esta profesión? Señala esta frase y explícala.

Lección 4　Tendencias del Diseño de Tiendas Online
网店设计理念

Objetivos　学习目标

— Conocer las últimas tendencias y conceptos del diseño de tiendas online
　了解网店设计的新趋势和理念
— Poder diseñar a nivel básico, tiendas online teniendo en cuenta las últimas tendencias
　能够参照新趋势初步进行网店设计

Introducción　情景导入

我们将学习网店设计的新趋势，为了使其保持新鲜面貌并吸引关注度。要关注的新趋势和理念很多，但是本课仅限于介绍几种，如元素新组合、图片传情、嵌入视频等。如果我们在设计网店时参考新趋势，我们的网店对于潜在客户将会充满吸引力。

En esta lección, vamos a aprender las tendencias de diseño de tiendas online más habituales últimamente, para poder así mantenerla con aspecto fresco y para atrapar atención. Hay muchos nuevos conceptos y tendencias de tiendas online que tener en cuenta, pero solo nos limitamos a contar algunos, como la nueva combinación de los elementos, contar una historia, video integrado etc. Si seguimos estos consejos conseguiremos que nuestra tienda tenga un aspecto mucho más atractivo para los potenciales clientes.

Curiosidades　任务驱动

1. Contesta a las siguientes preguntas. 请回答下列问题。

1) ¿Sabes algunos conceptos de diseño de tiendas online?
2) Cuándo compras online ¿te importa el diseño de la tienda?
3) ¿Qué más te importa para hacer el pedido online?

2. Escribe el significado de las palabras en chino. 请用中文注释下列词语。

1) tendencia ＿＿＿＿＿＿＿＿＿＿＿＿＿＿　2) negocio relevante ＿＿＿＿＿＿＿＿＿

3) echar un vistazo ＿＿＿＿＿＿＿＿＿＿　4) mercado objetivo ＿＿＿＿＿＿＿＿＿

5) diseño creativo ＿＿＿＿＿＿＿＿＿＿　6) perder clientes ＿＿＿＿＿＿＿＿＿＿

7) elemento _____   8) titular _____
9) diseño personalizado _____   10) pintado a mano _____

Aprendemos 学习内容

Las tendencias de diseño de tiendas online

Mantener tu tienda online en las nuevas tendencias puede marcar la diferencia entre ser un negocio relevante o perder clientes. Y esto no solo se aplica a los productos que vendes, sino también a cómo los presentas.

En este texto, vamos a echar un vistazo a los conceptos nuevos de diseño de tiendas online, para así poder mantener la nuestra con un aspecto fresco. Antes de tomar cualquier decisión de diseño, nos tendríamos que preguntar: ¿Cuál es nuestro mercado objetivo? ¿Qué diseño de tiendas online gusta a nuestro público objetivo? Ciertos conceptos atraen a ciertas personas, e incluso puede llamar la atención a los demás.

1) Nueva combinación de los elementos

Probablemente muchas veces hemos visto una fotografía en la que aparecían un montón de cosas organizadas como si fuera un tetris. Pues bien, eso es una técnica que se utiliza desde hace mucho tiempo. No solo es agradable a la vista, sino que también es fantástico para conseguir una vista general de la colección de una tienda. Para las tiendas online, esta técnica es una buena opción para mostrar los artículos de una forma limpia y atractiva.

（图片来源：https: //hypebeast.com/fashion。）

2) Contar una historia

Siguiendo la combinación, los elementos que aparecen en estas imágenes se utilizan para darle un sentido a la colección. Obviamente, no son todos para la venta en la tienda. La hoja y la rama seca, por ejemplo, se utilizan para ayudar a contar una historia y evocar un ambiente otoñal. No tiene que verse siempre desde arriba. Técnicamente, esta combinación es el método de organizar los objetos, y no está directamente relacionado con la fotografía. Simplemente la mayoría de la gente prefiere representarla así. Como podemos ver en *la imagen* abajo mostrada, es interesante mezclar productos de diferentes gamas.

（图片来源：https://www.elunausa.com/。）

3) Diseño de ancho completo

Muchas veces al entrar en un sitio web se utiliza todo el ancho de la pantalla, tanto en cabeceras, como en imágenes y videos. Esto es una manera de captar la atención del usuario transmitiendo, a la primera vista la propuesta de valor del negocio y su imagen de marca.

Tal y como podemos ver en este ejemplo, se ha movido el titular a la izquierda reduciendo la imagen y colocándola a la derecha. En este diseño se ve más variedad en el uso de los encabezados y no lo clásico en que el titular centrado está encima de una imagen llamativa. En el diseño clásico, la atención se centra más en la imagen que en el texto. Además, la gente está acostumbrada a leer de izquierda a derecha, por lo que poner el texto a la izquierda y la imagen a la derecha facilita la costumbre del usuario.

(图片来源：https：//raredevice.net/。)

4) Diseño de tipografías (como elemento principal)

Otra tendencia muy popular actualmente es la tipografía. Debemos ser conscientes de que la tipografía cada vez está más presente en el diseño web como elemento principal. Es decir, se emplean tamaños de letras exageradas, gigantes, convirtiéndolas en las protagonistas del diseño. En torno a ellas, gira el mensaje principal que se quiere transmitir en la página. Varios diseños personalizados utilizan la letra que simula el pintado a mano para los encabezados que reproducen un aspecto atractivo. Pero no nos excedamos. La lectura de este tipo de diseño es más complicada en comparación con otras fuentes, por lo que debemos pensar muy bien en cómo combinarla. Lo mejor es que la limitemos a los grandes titulares.

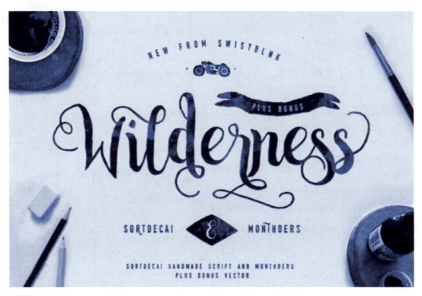

（图片来源：https：//creativemarket.com/swistblnk/144036-Sortdecai-Handmade。）

5) Video integrado

Los videos cortos, de alrededor de 15-30 segundos de duración, son una excelente manera de ampliar información de los productos, así como de mostrar su modo de uso. Los videos integrados son ligeramente distintos a los videos tradicionales en la web. Los videos integrados contienen todas las mejores características de un archivo GIF, como el tamaño de archivo más pequeño, inicio automático y bucles, sin sonido. También son un archivo de video con la definición nítida. El resultado es que nuestro producto cobra vida en las pantallas de nuestros posibles clientes, atrapando la atención inmediatamente, mucho mejor que las fotografías en movimiento.

(Texto adaptada de：https：//www.palbin.com/es/blog/ p1129-ultimas-tendencias-en-diseno-web.html)

Vocabulario 词汇

tendencia	f.	趋势	formato	m.	格式
concepto	m.	理念	fotografía en movimiento		动态图
tetris	m.	俄罗斯方块	categoría	f.	分类，类别

llamar la atención		吸引	página de categoría		目录页
titular	m.	标题	testimonio	m.	证词、陈词、推荐
encabezado	m.	标题	animación	f.	动画
simular	tr.	模拟	bucle	m.	自动循环
a mano	m.	手工的	sutil	adj.	精巧的
fuente	f.	字体、来源	página de directorio		目录页
duración	f.	持续时间	cursi	adj.	做作的
GIF		动态图 GIF es un formato de archivo，es un formato gráfico que ha sido uno de los más utilizados en Internet para el diseño de paginas web y para hacer animaciones	un ambiente nostálgico		怀旧感
nítido	f.	清晰的	emular	tr.	效仿
archivo	m.	文档、档案			

Ejercicios 练习

3. Elige la opción más correcta según el contenido del texto. 根据课文内容选择正确答案。

1) Antes de empezar todo，tenemos que tener claro _____.

　　A. ¿quiénes son nuestros posibles clientes?

　　B. ¿cuál es nuestro mercado común?

　　C. ¿cuál es nuestro mercado objetivo?

2) ¿Qué es la nueva combinación de los elementos según el texto?

　　A. Es como un juego.

　　B. Es una fotografía organizada.

　　C. Es una técnica en fotografía.

3) Para las tiendas online，todos los elementos que aparecen en las imágenes son para _____.

　　A. contar una historia

　　B. vender online

　　C. demostrar un cuento

4) ¿Cuál de las siguientes afirmaciones es verdadera?

　　A. Si disponemos de fotografías bonitas ya tendremos un diseño bueno de tienda online.

　　B. Un diseño de ancho completo sirve para captar la atención del usuario a primera vista.

　　C. Es más frecuente que el titular o los encabezados estén en el centro de la pantalla.

5) El diseño de tipografía _____.

　　A. se aplica por todas partes

　　B. se utilizan letras exageradas como si fueran protagonistas del diseño.

　　C. que simula escrito a mano es muy popular por todas partes.

6) Los videos cortos _____.

　　A. cuanto menos duran mejor

　　B. son parecidos a los videos tradicionales en la web

　　C. captan la atención de los posibles clientes al instante

4. Lee las siguientes frases y relaciónalas con su titular. 请阅读句子并将句子与其标题匹配。

A	Es decir, se emplean tamaños de letras exageradas, gigantes, convirtiéndolas en las protagonistas del diseño.	1) Nueva combinación
B	Este diseño es para captar la atención del usuario transmitiendo en un simple golpe de vista la propuesta de valor del negocio y su imagen de marca.	2) Contar una historia
C	Los videos integrados combinan todas las mejores características de un archivo GIF.	3) Diseño de ancho completo
D	Esta combinación es el método de organizar los objetos, y se le da un sentido a la colección.	4) Diseño de tipografías
E	Combinar muchos elementos como si fuera un tetris es una buena técnica para mostrar la colección de una tienda.	5) Video integrado

5. Lee el texto y rellena los espacios en blanco con las palabras correctas. 请阅读短文并用恰当的词语填空。

Diseño creativo de páginas de categorías

La página clásica de las categorías está evolucionando a páginas creativas con diseños independientes para ___1)___ la manera de presentar las diferentes categorías de una tienda online, ___2)___ la presentación de los productos con otros elementos como ___3)___, artículos o testimonios.

Las páginas de categoría no deben tratarse simplemente como una ___4)___ entre la página de inicio y las páginas de productos. Una página de categoría de producto atractiva puede animar a sus potenciales clientes a ___5)___ productos que de otro modo no estarían en su punto de mira. Pronto comenzaremos a ver más tiendas online ___6)___ el potencial de esta página decisiva con diseños dinámicos. A través del video integrado, las animaciones sutiles y la fotografía audaz, las páginas de categorías se están convirtiendo en mucho más que una página de directorio. Una página de categoría de producto bien diseñada ___7)___ el elemento de descubrimiento en la experiencia de compra en línea de su cliente.

| interrupción | opiniones | combinando | personalizar |
| explorar | mejora | aprovechar | |

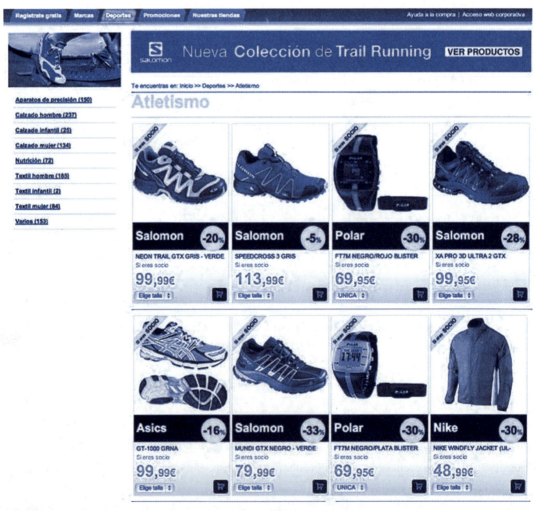

（图片来源：https：//www.salomon.com/en-us。）

Frases usuales   常用表达

Hablar de las tendencias de diseño de tiendas online. 谈论网店设计趋势。

1) Los colores intensos y brillantes también son tendencia en el diseño web este año. El uso correcto de los colores y una buena combinación de ellos es fundamental en una web ya que ayudan a reforzar los valores del negocio, el mensaje y dan personalidad.

   强烈明亮的色彩也是今年网页设计的趋势。色彩的正确使用和优良的色彩搭配是网页的根本,因为可以强化业务的价值和信息,并营造个性。

2) GIF es un formato de archivo. También es un formato gráfico que ha sido uno de los más utilizados en Internet para el diseño de paginas web y para hacer animaciones.

   GIF 是一种文件格式,它已成为网络页面设计中制作动画的最常用的图形格式。

3) El resultado es que nuestro producto cobra vida en las pantallas de nuestros posibles clientes, atrapando la atención inmediatamente, mejor que las fotografías en movimiento.

   结果是我们的产品在潜在客户的电脑屏幕上栩栩如生,立即吸引关注,远胜动态图。

6. Lee las siguientes frases y tradúcelas. 阅读下列句子并翻译。

1) Antes de tomar cualquier decisión de diseño, nos preguntamos: ¿Cuál es nuestro mercado objetivo?

2) Vamos a profundizar en los conceptos de diseño de tiendas online que debemos tener en cuenta y a echar un vistazo a cómo podemos ponerlos en práctica.

3) Esto es una manera de captar la atención del usuario transmitiendo, en un simple golpe de vista, la propuesta de valor del negocio y su imagen de marca.

4) La gente está acostumbrada a leer desde la izquierda a la derecha, por lo que poner el texto en la izquierda y la imagen a la derecha facilita la costumbre del usuario.

Ampliación   延伸阅读

7. Lee y reflexiona. 阅读并思考。

Utiliza el aspecto de película antigua

Actualmente, y en parte también debido a la cantidad de filtros disponibles en aplicaciones móviles como Instagram, la tendencia popular parece ir en contra de la tecnología para dar a las imágenes digitales un aspecto antiguo, como si fuera sacada con una cámara de cine.

Esta tendencia podría haber comenzado con intentos baratos y marcos polaroid cursis, pero en estos días se manifiesta en imágenes con un aspecto muy profesional, que con cierta manipulación del color proporciona un ambiente nostálgico a la fotografía.

(图片来源：https://es.shopify.com/blog/35174981-3-tendencias-de-diseno-para-tiendas-online-que-puedes-aplicar-hoy。)

¿Cómo llevarlo a cabo? Lo más fácil es ajustar los colores para reducir aquellos más brillantes, emulando las propiedades de exposición de las películas de las cámaras antiguas.

8. Contesta en base a la lectura. 根据阅读内容回答问题。

1) ¿Cuál es la tendencia popular actualmente?

2) ¿Cómo podría crear un ambiente nostálgico a la fotografía según el texto?

3) ¿Cómo conseguir el aspecto de película antigua?

Unidad 5
第五章

Marketing y Promoción Digital
数字营销与推广

Lección 1　Objetivos Profesionales y Estrategias de Marketing Digital
　　　　　　数字营销目的与策略
Lección 2　Posicionamiento y Promoción　电商排序与推广
Lección 3　Video Marketing Online　网络视频营销
Lección 4　Marketing en Redes Sociales　社交媒体营销

Lección 1　Objetivos Profesionales y Estrategias de Marketing Digital
数字营销目的与策略

Objetivos　学习目标

— Conocer los objetivos del Marketing digital y sus estrategias
　掌握数字营销的目的与策略
— Poder aplicar las estrategias digitales en la realidad
　能够灵活运用数字营销策略

Introducción　情景导入

本文首先强调营销对于品牌和企业的重要作用，尤其是对跨境电商企业。每家公司应该个性化制订自己的营销策略和计划。我们实现目标所能遵循的步骤与策略是多种多样的。可以通过内、外分析，目标客户定位，网络营销等营销策略来一步步制定数字营销计划，实现市场目标。

En esta lección aprenderemos la importancia del marketing, sobre todo para empresas de comercio electrónico transfronterizo. Para cada negocio se deben personalizar sus estrategias y objetivos de su promoción digital. Los pasos y estrategias que podemos seguir para alcanzar nuestros objetivos son diversos. Mediante las estrategias de marketing como análisis interno y externo, posicionamiento del público objetivo, video marketing y otros se elabora el plan de marketing digital para alcanzar las metas.

Curiosidades　任务驱动

1. Observa las dos fotos, y contesta a las preguntas. 请观察图片并回答问题。

（图片来源：https://cervetri.com/。）

（图片来源：https：//www.tegodercosmetics.com/。）

1) **Observa las fotos，¿puedes decir de qué producto es cada una?**
2) ¿Para qué sirven estas fotos?
3) Puedes pensar：¿qué es el Marketing?

2. Escribe el significado de las palabras en chino. 请用中文注释下列词语。

1) marketing _____   2) tráfico de visitas _____

3) publicidad online _____   4) promoción _____

5) posicionamiento _____   6) personalizar _____

7) llevar a cabo _____   8) tienda virtual _____

9) campaña de marketing _____   10) opinión del cliente _____

Aprendemos 学习内容

Ana：Hola Federico，¿qué tal estás?

Federico：Bien，muy ocupado.

Ana：¿Y eso? ¿Por qué?

Federico：Pues，hace unos meses monté una tienda online.

Ana：¡No me digas! ¿Qué vendes en la tienda online?

Federico：Vendo aparatos electrónicos.

Ana：¡Ah，muy bien! ¿Qué tal la tienda?

Federico：No muy bien porque en ella hay pocas visitas.

Ana：¿Has hecho algo para promocionar tus productos?

Federico：De momento nada.

Ana：Pues，puedes promocionar tus productos a través del Marketing.

Federico：¿Puedes decirme para qué sirve el Marketing?

Ana：Pues a través del Marketing puedes atraer a los clientes y traer más tráfico de visitas.

De esta manera podrás vender más.

Federico: ¡Qué bien!

Ana: Puedes poner publicidad en la plataforma, sacar alguna oferta de un producto, participar en las actividades de promoción online etc.

Federico: Lo veo muy interesante.

Ana: Claro que sí. De esta forma vas a atraer más flujo de visitas hacia tu tienda y seguramente vas a vender más.

Federico: Ya veo, voy a empezar a estudiarlo ahora mismo.

Plan de Marketing Digital

Un plan de marketing digital es esencial para que una empresa tenga éxito online. No disponer de los objetivos y el plan de acción que permita alcanzarlos, es como navegar en un barco sin rumbo.

A continuación, vamos a ver los puntos básicos que debemos tener en cuenta para elaborar un plan de marketing paso a paso.

Paso 1: Análisis interno. Tenemos que realizar un análisis de nuestra situación para saber cuáles son nuestras metas, en qué posiciones de Google estamos. Debemos saber lo que pretendemos alcanzar.

Paso 2: Análisis externo. En este paso, analizamos cómo se encuentra el sector, los factores que le afectan, la competencia y sus tendencias.

Paso 3: Selección del público objetivo. Una vez analizado lo que nos afecta interna y externamente, tenemos que determinar el público al que queremos dirigir para tener claro el tipo de mercado al que va dirigido el proyecto.

Paso 4: Objetivos. Debemos marcarnos los objetivos para incrementar las ventas. Algunos ejemplos podrían ser el hecho de aplicarles un 50% para el año siguiente o incrementar el tráfico web o mejorar la experiencia de compra online.

Paso 5: Estrategias de Marketing digital. Hemos de realizar una estrategia para mejorar nuestro posicionamiento web y lograr atraer más tráfico. Podrían ser estrategias de Contenidos, de Redes Sociales, de Captación, de video marketing.

En resumen, sea como sea el tamaño de la empresa, se deben personalizar sus estrategias y planes. Establecer un plan de marketing digital previamente trae más posibilidades de lograr un éxito online para nuestro proyecto.

Vocabulario 词汇

montar	tr.	开设	ejecutar	tr.	实施
medio	m.	方式	fidelizar	tr.	使忠诚
flujo	m.	流量	flujo	m.	流量
promocionar	tr.	推广	interactividad	f.	互动
estudiar	tr.	研究	oferta	f.	特价
virtual	adj.	虚拟的，网络的	posicionamiento	m.	定位，排位
promocionar	tr.	推广，促销	opinión	f.	意见，评价
personalizar	tr.	个性化	implementar	tr.	贯彻，完成
estrategia	f.	策略	entrar de lleno		详细了解
objetivo	m.	目的	la puesta en marcha		启动

Ejercicios 练习

3. Elige la opción más correcta según el contenido del texto. 根据课文内容选择正确答案。

1) La tienda de Federico _____.

   A. tiene muchos años

   B. es una tienda física

   C. es nueva

2) ¿Qué vende la tienda de Federico probablemente?

   A. Puertas.

   B. Cargadores.

   C. Bicicletas.

3) ¿Cómo le va el negocio a Federico?

   A. Tiene muchas visitas.

   B. Tiene pocas visitas.

   C. Vende mucho.

4) ¿Qué le recomienda Ana a Federico?

   A. Le aconseja hacer actividades de Marketing.

   B. Le recomienda ofrecer más productos.

   C. Le aconseja vender a mejor precio.

5) ¿Para qué sirve el Marketing?

   A. Para ser un negocio muy popular.

   B. Para favorecer la marca.

   C. Para atraer más flujo de visitas.

6) Según el texto, para fidelizar a más clientes, ¿qué podemos hacer?

   A. Ofrecer productos de alta calidad.

   B. Bajar su precio.

   C. Elaborar un plan de marketing para el mismo.

7) Realizamos un análisis externo es para _____.

   A. ver cómo nos encontramos

   B. conocer la situación del sector

   C. diseñar un plan online

8) Las estrategias de marketing digital se podrían aplicar _____.

   A. en medios tradicionales

   B. de video marketing

   C. en páginas web

9) Para llevar a cabo el plan de Marketing digital, es muy importante _____.

   A. aumentar el flujo de visitas

   B. marcar los objetivos

   C. personalizar las estrategias

10) ¿Cuál de las siguientes afirmaciones es verdadera?

    A. Nuestro plan de marketing digital se centra en fidelizar a los clientes.

    B. Nuestro objetivo de marketing se enfoca a deshacerse de stocks y lanzar ofertas.

    C. Antes de elaborar el plan de Marketing se hace una serie de estudios y análisis.

4. Lee las siguientes frases y relaciónalas con su titular. 请阅读句子并将句子与其标题匹配。

1) Análisis interno	A	Después de saber nuestra situación y a quien nos vamos a dirigir, es el momento de establecer los objetivos de marketing digital.
2) Análisis externo	B	Debemos saber lo que pretendemos alcanzar y realizar un análisis de nuestra situación.
3) Selección del público objetivo	C	Cómo hacer un análisis del sector de un proyecto no es fácil, podemos enfocarlo por diferentes vías.

4) Objetivos	D	Una vez analizado nuestra situación interna y externa, debemos definir el mercado al que va dirigido nuestro negocio.
5) Estrategias	E	Hacemos un plan para que todo el equipo sepa cuándo se realiza y ejecuta cada una de las acciones y en qué plazos.
6) Plan de acción	F	Con un plan estratégico de marketing avanzamos con rumbo para lograr una presencia digital exitosa.
7) Plan de marketing digital	G	Hay muchas estrategias que podemos llevar a cabo en nuestro proyecto.

5. Lee el texto y rellena los espacios en blanco con las palabras correcta. 请阅读短文并用恰当的词语填空。

Para cada negocio se deben personalizar sus estrategias y objetivos de marketing. En comercio electrónico, nuestro objetivo se centra en ___1)___ más visitantes a nuestra tienda online y fidelizarlos; ___2)___ productos, lanzar ofertas para aumentar el ___3)___ de visitas; personalizar la comunicación, mejorar el contacto y fomentar la ___4)___.

Las estrategias que podemos seguir para ___5)___ nuestros objetivos son las siguientes:

1) ___6)___ en medios tradicionales: como vehículos, televisión o radio.
2) Publicidad online: Incluir ___7)___ de anuncios en los principales portales de referencia para nuestro ___8)___, para generar volumen de visitas y darnos a conocer. Considerando también enlaces, servicio de atención al cliente, opinión de clientes etc.

sector	campañas	interactividad	promocionar
atraer	flujo	alcanzar	promoción

Frases usuales 常用表达

Expresar interés. 表达兴趣。

1) Lo veo muy interesante. 我觉得很不错。
2) ¡Qué bien! 太棒了！

Expresar algo relacionado con Marketing. 谈论市场营销。

1) Para cada negocio se deben personalizar sus estrategias y objetivos de marketing.
   每家企业都应该制定自己个性化的营销策略和市场目标。

2) Para atraer a más clientes y aumentar el tráfico a la página, elaboramos un Plan de Marketing. 为了吸引顾客和增加页面浏览，我们制定一个营销计划。

6. Lee las siguientes frases y tradúcelas. 阅读下列句子并翻译。

1) Los objetivos que queremos conseguir a corto y medio plazo son varios.

2) No disponer de los objetivos y el plan de acción que permita alcanzarlos, es como navegar en un barco sin rumbo.

3) Un plan de marketing digital es esencial para que una empresa tenga éxito online.

4) Cuando hablamos de implementar la estrategia de marketing digital, no nos olvidemos de definir nuestro objetivo, del público objetivo al que queremos dirigir y del presupuesto del que dispondremos.

Ampliación 拓展延伸

7. Lee y reflexiona. 阅读并思考。

跨境电商营销

跨境电商营销是借助于互联网完成一系列营销环节，达到营销目标的行为。网络具有一对一的互动特性，这是对传统媒体面对大量-受众-特征的突破。从营销的角度讲，网络上生产者和消费者一对一的互动沟通，了解顾客的要求、愿望及改进意见，将工业时代大规模生产、大规模营销改进为小群体，甚至个体营销，为消费者提供了极大的满足，迎合了现代营销观念的宗旨。

Implementación de una estrategia de Marketing Online

Cuando hablamos de implementar la estrategia de marketing digital, no nos podemos olvidar de definir nuestro objetivo, de la segmentación de la audiencia que queremos captar y del presupuesto del que dispondremos. A partir de aquí, vamos a llevar a cabo los siguientes pasos:

1. Tener una página web

Si ya tenemos una página web, tenemos que optimizarla para mejorar todas sus partes, como el texto, las imágenes de acompañamiento, el formulario, la forma de destacar el producto o servicio y el orden de toda la interfaz. A través de la página, queremos convertir a los visitantes en nuestros clientes. Por este motivo, el sitio debe ser intuitivo, atractivo y muy fácil de usar, y así facilitar la conversión.

2. Llevar tráfico a la página

Aquí entra de lleno la puesta en marcha de la campaña de marketing online. Se han definido muy bien las acciones, los canales y el presupuesto. En el momento en que se activen los anuncios, empezará a llegar tráfico a la página web que hemos creado. Al estar especializados en tráfico de captación y realizar marketing por rendimiento, cumpliremos los objetivos marcados.

8. Contesta en base a la lectura. 根据阅读内容回答问题。

1) Si ya tenemos una página web, ¿qué hemos de hacer para complementarla?

2) ¿Qué es lo que queremos conseguir a través de la página web?

3) ¿Qué significa *Aquí entra de lleno la puesta en marcha de la campaña de marketing online*?

Lección 2　Posicionamiento y Promoción
电商排序与推广

📁 Objetivos　学习目标

— Conocer las estrategias concretas de posicionamiento online de marketing digital
　学习数字营销的线上排序策略
— Conocer los medios concretos de las campañas de marketing digital
　学习数字营销推广的方式
— Poder aplicar los medios concretos para mejorar el posicionamiento online
　能够运用电商营销手段提升网络排序

📄 Introducción　情景导入

本课我们将研究启动网络营销的推广。当我们网络购物或寻找产品时，我们总能看到排列出的许多店铺，这就是排序，是网络营销的一种策略。关键词则是影响排序的基本因素。

En esta lección vamos a estudiar la puesta en marcha de la campaña de marketing online. Cuando queremos hacer compras y buscamos algún producto por Internet, siempre observamos una lista de artículos de varias tiendas. A esto se le llama "posicionamiento". Es una estrategia de marketing online. Las palabras clave son el factor fundamental del posicionamiento.

📄 Curiosidades　任务驱动

1. Observa las siguientes fotos, y contesta a las preguntas. 观察图片并回答问题。

（图片来源：https：//www.elcorteingles.es。）

1) ¿Qué artículos se publicitan en estas fotografías?

2) ¿Cuál está de promoción?

3) ¿A cuánto está la oferta de cada uno?

4) ¿Te atraen estas ofertas y por qué?

2. Escribe el significado de las siguientes palabras en chino. 请用中文注释下列词语。

1) posicionamiento _____ 2) puesta en marcha _____

3) buscador _____ 4) palabra clave _____

5) desempeñar un papel _____ 6) relevante _____

7) campaña de marketing _____ 8) publicidad convencional _____

9) cupón de descuento _____ 10) tarjeta de puntos _____

Aprendemos 学习内容

Cuando compramos online, ¿porqué un artículo aparece en la primera posición y los otros aparecen en la última pagina? Esto se llama posicionamiento, que es una estrategia importante de marketing online. Como las tiendas se posicionan según las palabras clave, cuando diseñamos los textos, siempre debemos hacerlo destacándolas, ya que nos posicionarán en las búsquedas naturales que atraerán a visitantes potenciales interesados en nuestro producto o servicio.

Cuando hablamos del posicionamiento, muchos mencionan SEO. ¿Qué significado tienen éstas siglas? El SEO es el posicionamiento orgánico en buscadores. El método de su realización es mediante la creación de contenido. De esta manera, las plataformas estiman que nuestra web es relevante y nos coloca en las primeras páginas.

Por otra parte, es mejor combinar la estrategia del posicionamiento con el SEM (siglas en inglés de Search Engine Marketing, Motor de Búsqueda de Marketing), en este sentido los anuncios promocionados son otra importante estrategia de marketing online. En las plataformas internacionales pueden resultar esenciales en determinadas campañas para conseguir ventas en algunos sectores del mercado.

Campañas de Promoción

Las campañas de promoción pueden ser anuncios comerciales, que se complementan con las acciones de posicionamiento.

La publicidad pagada en la red de búsqueda de muchas plataformas es muy efectiva. Lejos de los altos costes de la publicidad convencional, la publicidad online permite llegar a nuestro objetivo con más facilidad. Además, nuestro anuncio o producto aparecerá cuando la persona esté buscando alguna de los términos que hemos elegido, por lo que el interés que tendrá será mayor. La publicidad pagada dependerá del presupuesto de la empresa. Será necesario especificar su duración, público objetivo, coste previsto, etc.

Aparte de la publicidad, las campañas o actividades de promoción de las plataformas, también son canales frecuentes de marketing, como por ejemplo potenciar determinados productos enfocados exclusivamente en la Navidad, o en el Año Nuevo, o en el Día de la Infancia, etc.

Las campañas online que se pueden realizar pueden ser emails directos a clientes o, campaña de banners. Para el fomento de las ventas y captación de clientes se puede recurrir a cupones de descuento por primera compra, promociones en productos, regalos, campañas en redes sociales, tarjeta de puntos, descuentos por compras acumuladas, etc.

Vocabulario 词汇

posicionamiento	m.	排名，排序	comercial	adj.	商务的，商业的
ponerse en marcha		启动，开启	publicidad	f.	广告
campaña	f.	活动	búsqueda	f.	搜索

o palabras clave		关键词	convencional	*adj.*	常规的
SEO：Search Engine Optimization		搜索引擎优化	término	*m.*	术语
SEM：Search Engine Marketing		搜索引擎营销	campaña de banner		标语促销活动
relevante	*adj.*	重要的，杰出的	público objetivo		目标群体
promoción	*f.*	推广	cupón de descuento		折扣券，代金券
anuncio	*m.*	广告	tarjeta de puntos		积分卡

Ejercicios 练习

3. Elige la opción más correcta según el contenido del texto. 根据课文内容选择正确答案。

1) ¿Qué solemos hacer cuando queremos buscar un producto online?

   A. Cologar una foto en el buscador online.

   B. Ir a una tienda física.

   C. Escribir una palabra en el buscador online.

2) ¿Por qué un artículo aparece en la primera posición y los otros aparecen en la última pagina?

   A. Porque existe posicionamiento en la plataforma.

   B. Porque todas las tiendas no pueden aparecer a la vez.

   C. Porque hay el mismo producto en muchas tiendas.

3) ¿Cuál de las siguientes afirmaciones son verdaderas según el texto?

   A. El diseño de los textos de la tienda online es menos importante que el producto.

   B. Las tiendas online se posicionan según las palabras clave.

   C. Destacar las palabras clave nos puede ayudar a la creación de contenido.

4) Según el texto ¿qué es SEO?

   A. Es lo esencial del marketing.

   B. Es publicidad.

   C. Es posicionamiento orgánico.

5) Según el texto ¿qué es SEM?

   A. Son los anuncios pagados y promocionados.

   B. Son los anuncios gratuitos.

   C. Es fundamental en el marketing.

6) En el texto, ¿qué es lo que se recomienda en esta fase de promoción?

   A. Hacer publicidad pagada.

   B. Usar una plataforma gratis.

   C. Mejorar las ventas.

7) ¿Cuál de las siguientes afirmaciones es correcta?

   A. La publicidad pagada en línea no es muy útil.

   B. La publicidad pagada en la red es efectiva.

   C. La publicidad pagada online es más cara que en la televisión.

8) ¿Cuál de las siguientes afirmaciones es correcta respecto a la publicidad online?

   A. La publicidad online nos ayudará a llegar al objetivo.

   B. La publicidad online es cara.

   C. La publicidad online nos traerá costes altos.

9) La publicidad depende del _____.

   A. diseño del anuncio

   B. cliente potencial

   C. presupuesto de la empresa

10) Los cupones de descuento y tarjetas de punto sirven para _____.

    A. llevar tráfico a la página

    B. fomentar las ventas y captar clientes

    C. promocionar los productos

4. Marca si las siguientes afirmaciones son verdaderas o falsas según el contenido de los textos. 根据课文内容判断对错。

1) Las plataformas estiman el contenido de nuestra página web y deciden nuestro posicionamiento.

2) Como las tiendas se posicionan según las fotografías, debemos destacarlas cuando hacemos el diseño.

3) El texto recomienda combinar los anuncios pagados con el posicionamiento.

4) La publicidad online es más cara que la publicidad convencional.

5) La publicidad pagada depende del presupuesto del negocio.

6) Televisión, radio son medios de comunicación que ofrecen publicidad convencional.

7) Nuestro anuncio online aparece cuando la gente busca con alguna palabra clave que coincide con la que hemos puesto.

8) Aparte de la publicidad, las campañas de promoción, como emails directos a clientes, campaña de banner, también son canales frecuentes de marketing.

5. Lee el texto y rellena los espacios en blanco con las palabras correctas. 请阅读短文并用恰当的词语填空。

Participación también es muy importante para __1)__ la promoción, será necesario desarrollar diferentes acciones en medios sociales, basadas en la __2)__, participación y recomendación, para generar comunidad alrededor de la marca y los productos.

Además de poner en marcha medios sociales propios como blogs, comunidades o foros, __3)__ la estrategia en nuestros propios __4)__ o páginas de redes sociales es esencial.

Establecer los objetivos en redes sociales para __5)__ y captar clientes; diseñar protocolos de atención al usuario para evitar o resolver de manera eficaz posibles __6)__ online como respuestas directas, envío a otros departamentos, respuesta ante quejas, manual de crisis de reputación, etc.

En definitiva, en esta fase de Marketing Online lo fundamental será tener definida la lista de acciones a desarrollar para la promoción.

> fidelizar   perfiles   definir   fomentar   interacción   crisis

Frases usuales 常用表达

Hablar del marketing. 谈论营销。

1) Vamos a hablar de la puesta en marcha de la campaña de marketing online.
   我们来谈谈网络营销的启动。

2) Campañas online se pueden realizar mediante emails directos a clientes, campaña de banners, cupones de descuento, tarjetas de punto, descuentos por compras acumuladas etc.
   网络促销活动可以通过给客户直接发邮件、标语广告、折扣卷、积分卡、累计消费折扣来实现。

6. Lee las siguientes frases y tradúcelas. 阅读下列句子并翻译。

1) Aparte del posicionamiento, es mejor combinarlo con el SEM, los anuncios promocionados, u otras estrategias de marketing online.

2) Establecer los objetivos en redes sociales para fidelizar y captar clientes.

3) La publicidad pagada dependerá del presupuesto de la empresa.

4) Será necesario especificar su duración, público objetivo, coste previsto, etc.

5) Una vez identificados los objetivos a conseguir a corto y medio plazo, así como las estrategias

a realizar para dar a conocer la tienda online, el siguiente paso será concretarlos en una serie de acciones de posicionamiento y promoción del negocio.

6) Aparte de la publicidad, las campañas o actividades de promoción de las plataformas, también son canales frecuentes de marketing, como las promociones de Navidad, de Año Nuevo, del Día de la Infancia, entre otras.

Ampliación 拓展延伸

7. Lee y reflexiona. 阅读并思考。

商品的排序因素

通常一个店铺的流量中的自然搜索和类目排名，是店家需关注的重中之重，它们不仅免费，而且价值极高。可以说这部分用户是标准的转化用户，是根据搜索关键词，按照类目提示一步步点过来的，必然对这个产品有所需求。一旦掌握了这个流量，并稳定下去，对电商的影响巨大。

商品排序纷繁复杂，到底取决于什么呢？各大平台略有差别，但本质却一致。

数据表明，商品排序取决于顾客搜索的关键词和商品的相关性、商品销售转化率的高低、账号权重及表现，这是对用户购物体验的重视。大平台如亚马逊等，都希望客户能够优先搜索到自己感兴趣的产品。

在阿里巴巴旗下的平台，影响商品排名的因素有两个：第一个是产品本身的权重得分，比如这个商品本身的收藏人气、转化率、销量、增长情况等；第二个是店铺的权重得分，比如店铺的 DSR 评分趋势、综合支付转化率、响应速度等。

8. Contesta en base a la lectura. 根据阅读内容回答问题。

1) ¿Qué es lo más importante del posicionamiento?
2) ¿La política de posicionamiento es igual en cada plataforma?
3) ¿Qué vas a hacer para mejorar el posicionamiento de tu tienda online?

Lección 3　Video Marketing online
网络视频营销

 Objetivos　学习目标

— Conocer la importancia de video marketing online
　学习网络视频营销的策略与案例
— Aplicar video marketing online en la operación
　能够在电商运营中设计网络视频营销方案

Introducción　情景导入

视频营销是获得特定目标的一种策略，以使用网络视频为主要工具。当前，视频营销不断发展，在网络营销中占据越来越重要的位置。由于视频营销比电视广告更经济，已成为许多公司主要的投资手段。

El video marketing es una estrategia para conseguir unos objetivos determinados, utilizando el video online como herramienta principal. Actualmente el video marketing está en constante progresión y adquiere una presencia cada vez más significativa en cualquier plan de marketing online. Como el video marketing es más económico que la publicidad en la televisión, se ha convertido en el principal medio de inversión de muchas empresas.

Curiosidades　任务驱动

1. Lee las siguientes afirmaciones y contesta a las preguntas. 阅读并回答下列问题。

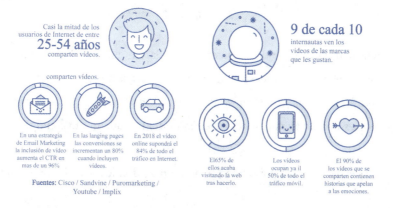

— Casi la mitad de los internautas de entre 25-54 años comparten videos.

— En las landing pages las conversiones aumentan un 80% cuando incluyen videos.

— El video online supondrá el 89% de todo el tráfico en Internet.

— 9 de cada 10 internautas ven los videos de las marcas que les gustan.

— El 65% de ellos acaba visitando la web tras hacerlo.

— El 90% de los videos que comparten contienen historias que apelan a las emociones.

— Los videos ocupan ya el 70% de todo el tráfico móvil.

(Texto adaptado de Fuentes：Cisco / Sandvine / Puromarketing / Youtube / Implix)

1) ¿Qué es el video marketing?

2) ¿Son lo mismo el video marketing y la publicidad?

3) ¿A qué franja de edades pertenecen la mitad de los usuarios de Internet?

4) ¿Qué ventajas ofrecen los videos a las landing pages?

> Landing Page：引导页，登录页或着陆页。
> 在互联网营销中，引导页就是当潜在用户点击广告或者利用搜索引擎搜索后显示给用户的网页，这个页面通常为在特定营销目标转化下制作的页面，它可以是主页、产品详情页、广告专题页等。

2. Escribe el significado de las palabras en chino. 请用中文注释下列词语。

1) video marketing _____   2) publicidad _____

3) tráfico _____   4) previsión _____

5) viral _____   6) pauta _____

7) distinguir _____   8) medios impresos _____

9) efectividad _____   10) internauta _____

Aprendemos 学习内容

Muchos no saben distinguir entre dos conceptos similares：unos es la publicidad y el otro el marketing. La publicidad es un proceso comunicacional cuya misión es lograr los objetivos de marketing.《El marketing es el conjunto de estrategias empleadas para la comercialización de un producto y para estimular su demanda.》(Según la Real Academia Española)

Es en este pequeño espacio, entre publicidad y marketing，donde nace el video marketing.

El video marketing también es una revolución en marcha que, según las previsiones, supondrá más del 89% del tráfico en Internet. Una revolución que nos conecta con el público. Además, *Un video de pocos segundos de duración expresa, de media, lo mismo que un ensayo de casi dos millones de palabras.*

Como el coste de marketing en plataformas o por Internet es mucho más barato que la producción en televisión y en medios impresos, el video marketing se ha convertido en el principal medio de inversión de las PYMES.
(*Texto adaptado de 7 ejemplos de video marketing para mejorar tus posts* https：//www.40defiebre.com/tipos-videos-apoyo-contenido-posts/)

Hace algunos años Coca-Cola Colombia decidió modificar su imagen y dar una cara nueva al público colombiano. Una tarea compleja ya que en el mismo mercado donde otros han fracasado (caso：GAP y su nuevo logo que solo duró 24 horas, tras una lluvia de críticas que incendiaron sus redes sociales, el logo fue dado de baja) la histórica marca tuvo éxito.

(图片截图视频来源：volvamos a ser héroes, https：//www.youtube.com/watch?v=qEBJ7ZPMIq8。125 años despertando felicidad, https：//www.youtube.com/watch?v=2xPYc64hSmA。)

La empresa recurrió al video marketing empezando por definir sus objetivos：Primero, posicionar las variantes de la marca. Segundo, educar sobre las características distintivas de cada variante con foco especial en su público objetivo：adolescentes y Millennials.

Una vez establecido su objetivo, definió el enfoque diseñando una estrategia multipantalla, optando por anuncios de 15 segundos. Además, Coca-Cola ha llevado al video unos conceptos positivos como "Sé un héroe" o "El cajero de la felicidad" que rápidamente han logrado que las personas compartan la campaña y se viralicen.

La campaña creada mediante video online le dio a la empresa una pantalla de oportunidad para diferenciarse de sus competidores inmediatos, logrando alcance e impacto a audiencias específicas y diversas.

Distintos estudios de Google han demostrado que dicho formato publicitario obtiene hasta un impacto de recuerdo de más del 86%; una intención de compra incrementada de adolescentes, incrementada en un 41% y un 36% en adultos jóvenes. Se estima que un 30% compró los productos motivados por los videos. Crecimiento en todos los indicadores de valoración de marca.

Así es como el modelo de adquisición que utilizó Coca-Cola, lo convirtió en el primero en Latinoamérica, generando mayores impresiones de calidad y un público exacto para sus necesidades.
(*Texto adaptado de*: https：//www.interactivity.la/2017/06/15/coca-cola-y-el-video-marketing-para-presentar-su-nueva-cara-en-colombia/)

Vocabulario 词汇

video marketing		视频营销	de media		平均
apelar (a)	*intr.*	涉及，提及，谈起	imagen	*f.*	形象
espacio	*m.*	空间	objetivo	*m.*	目的，目标
determinado, da	*p.p.*	特定的	Millennial		千禧一代
duración	*f.*	持续时间	segmentación	*f.*	分割，分区
confundir	*tr.*	混淆	enfoque	*m.*	焦点
ensayo	*m.*	文章	diseñar	*tr.*	设计
millón	*m.*	百万	modelo	*m.*	模式
coste	*m.*	成本	composición	*f.*	构图，取景

Ejercicios 练习

3. Elige la opción más correcta según el contenido de los textos. 根据课文内容选择正确答案。

1) Para empezar ¿qué nos explica el primer texto?

    A. Cómo hacer el video marketing.

    B. Cómo no confundir el marketing online con los anuncios.

    C. Distinguir la publicidad y el marketing.

2) Según el texto, el video marketing es _____.

   A. una estrategia para traer más tráfico y educar a lagente

   B. una estrategia para conseguir unos objetivos determinados

   C. un fenómeno clásico para atraer clientes

3) La publicidad y el marketing _____.

   A. son procesos para lograr los objetivos de exportación

   B. son lo mismo

   C. son parecidos y es donde nace el video marketing

4) Según las previsiones, el video marketing supone _____.

   A. una revolución de herramientas

   B. una revolución que conecta la tienda con el sector

   C. más tráfico en Internet

5) ¿Qué significa "*Un video de pocos segundos de duración expresa, de media, lo mismo que un ensayo de casi dos millones de palabras*"?

   A. Un video de pocos segundos puede expresar más que un ensayo largo.

   B. Un video es más visual y fácil de traer atención que un ensayo.

   C. Un ensayo de dos millones de palabras puede expresar mucho más que un video.

6) En el segundo texto ha sido explicado un caso fracasado, ¿de qué marca se habla?

   A. GAP

   B. Coca-cola

   C. Pepsi cola

7) ¿Qué hizo primero la marca Coca-cola para dar una cara nueva al mercado colombiano?

   A. Un estudio de mercado.

   B. Definir los objetivos.

   C. Un video online.

8) ¿El objetivo marcado por Coca-cola fue para _____?

   A. todos los colombianos

   B. los adultos

   C. los adolescentes y millennials

9) ¿Qué consiguió el video marketing de Coca-cola?

   A. Aumentar el tráfico de la página.

   B. Un 40% compró los productos por lo visto en Youtube.

   C. Incrementó la intención de compra de adultos jóvenes.

4. Marca si las siguientes afirmaciones son verdaderas o falsas según el contenido de los textos. 根据课文内容判断对错。

1) Según algún estudio, 6 de cada 10 internautas ven los videos de las marcas que les gustan.

2) El 90% de los videos que se comparten contienen historias que apelan a las emociones.

3) En las landing pages las conversiones se incrementan un 80% cuando incluyen videos.

4) Casi la mitad de los usuarios de Internet de edades entre 20 y 50 comparten videos.

5) Muchos no saben distinguir la publicidad y el marketing y los confunden.

6) El coste de video marketing o por Internet es casi igual al coste de la producción en televisión y en medios impresos.

7) Según el texto, el nuevo logo de la marca GAP fue cancelado tras una lluvia de críticas que recibieron en sus redes sociales.

8) En esta campaña, Coca-cola optó por videos de 30 segundos.

9) La campaña creada mediante video online le dio a la empresa una oportunidad para diferenciarse de sus competidores.

10) Coca-cola primero definió su púbico objetivo para después educarle de manera más propicia y destinada a la compra de sus productos.

5. Lee las siguientes frases y relaciónalas con su porcentaje. 请阅读句子并将句子与其对应的百分比相匹配。

1)	En las landing pages las conversiones aumentan un _____ cuando incluyen videos.
2)	Según las previsiones, el video marketing supondrá más del _____ del tráfico en Internet.
3)	Distintos estudios online han demostrado que dicha campaña publicitaria obtuvo una intención de compra incrementada de adolescentes en un _____.
4)	Los videos ocupan ya el _____ de todo el tráfico móvil.
5)	El _____ de los internautas ven los videos de las marcas que les gustan.
6)	El _____ de los usuarios acaban visitando la web después de ver los videos de las marcas.

A. 89%   B. 80%   C. 65%   D. 41%   E. 70%   F. 90%

6. Lee el texto y rellena los espacios en blanco con las palabras correctas. 请阅读短文并用恰当的词语填空。

Debido al impacto que tienen los videos, el video marketing es una herramienta cada vez más efectiva de ___1)___. En las redes sociales ___2)___ los videos de diferentes marcas y temas que, si logran integrar un conjunto de elementos pueden llegar a ser virales. Es decir, puede expandirse como virus a través de las redes sociales y ___3)___ a otras plataformas en pocos minutos y pueden llegar a un ___4)___ de millones de personas.

Un contenido que se vuelve viral es normalmente debido al ___5)___ que les ha causado a los usuarios que han decidido compartirlo voluntariamente. Aunque no es algo fácil de lograr, es lo que toda empresa persigue al crear ___6)___ interactivo, dinámico, de bajo costo, impactante e innovador como es el video marketing. Pero, no todas las empresas lo logran. Si estudiamos los casos exitosos de video marketing, puede ser útil para ___7)___ pautas claves de cómo lograrlo.

> alcance   saltar   venta   circulan   marcar   impacto   contenido

Frases usuales 常用表达

Hablar del video marketing. 谈论视频营销。

1) El video marketing es una estrategia para conseguir unos objetivos determinados, utilizando el video online como herramienta principal.

视频营销是使用线上视频为主要工具来获得特定目标的一种策略。

2) Un video de un minuto de duración expresa, de media, lo mismo que un ensayo de casi dos millones de palabras.

平均时长一分钟的视频所表达的内容与将近两百万字的文章相同。

6. Lee las siguientes frases y tradúcelas. 阅读下列句子并翻译。

1) Un contenido que se vuelve viral es normalmente debido al impacto que les ha causado a los usuarios que han decidido compartirlo voluntariamente.

2) Tanto en video como en fotografía existen unas reglas de composición que debemos seguir. Aquí recomendamos una de las principales: la regla de los tercios.

3) Como el coste de marketing en plataformas o por Internet es mucho más barato que la producción en televisión y en medios impresos, el video marketing se ha convertido en el principal medio de inversión de las PYMES.

4) Debido al impacto que tienen los videos, el video marketing es una herramienta cada vez más efectiva de venta.

Ampliación 延伸阅读

7. Lee y reflexiona. 背景阅读并思考问题。

网络视频营销

网络视频营销指的是通过数码技术将产品营销现场实时视频图像信号和企业形象视频信号传输至Internet网上。企业将各种视频短片以各种形式放到互联网上，达到一定宣传目的的营销手段。网络视频广告类似于电视视频短片，其平台却是在互联网上，是"视频"与"互联网"的结合，该营销形式兼具两者的优点（来源：百度百科）。

Video Marketing

Una herramienta de bajo coste que nos permitirá promocionar o vender nuestros productos de una forma más directa y visual. Además, a través de redes sociales como Youtube, especializada en videos, es posible medir el impacto de cada contenido publicado en tiempo real e incluso incluir nuestra publicidad en videos de terceros.

Cuando producimos video marketing, intentemos evitar errores sobre todo en aspectos técnicos y comunicacionales.

Primero, debemos tener en cuenta el sonido. Si el sonido es deficiente, el usuario no tardará más de unos segundos en parar la reproducción.

Segundo, la iluminación. Una buena iluminación facilita la comprensión del contenido que estás compartiendo y aumenta considerablemente las probabilidades que la persona vuelva a tu tienda online o comparta tu video con otros. Como la luz externa depende mucho de la posición del sol, el horario de grabación, el tiempo, etc., se recomienda dar los primeros pasos con la iluminación interna.

Tercero, composición y encuadre (取景). Tanto en video como en fotografía existen unas reglas de composición que cabría conocer. Aquí recomendamos una de las principales: la regla de los tercios, como pueden observar en las siguientes fotos.

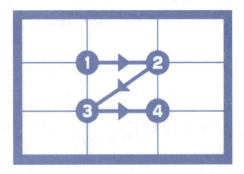 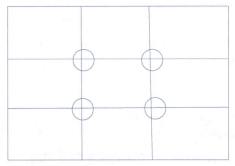

（图片来源：https://wenku.baidu.com/view/8fe20ed1c950ad02de80d4d8d15abe23482f038f.html。）

1) ¿Qué has aprendido del video marketing?
2) ¿Qué regla de producir video nos recomienda el texto?

Lección 4   Marketing en Redes Sociales
社交媒体营销

Objetivos   学习目标

— Aprender y analizar los casos de éxito de marketing en redes sociales
学习并分析社交媒体营销的成功案例
— Poder elaborar planes de marketing para redes sociales
能够制作社交媒体营销方案

Introducción   情景导入

全球社交媒体用户量已超35亿，而且每人每天在社交媒体上花费大量的时间。商家利用社交媒体分享和共享功能，进行社交媒体营销，在社交媒体网络进行产品和品牌的推广活动。社交媒体营销来自英语的 SNS 营销 (social networking services)。本课将通过两则成功案例，解读社交媒体营销和事件营销。

Los usuarios activos de redes sociales sobrepasan a 3.500 millones en todo el mundo. Viendo que los usuarios dedican mucho tiempo en ello todos los días, las empresas hacen promociones de marcas y productos, en redes sociales, aprovechando la función de compartir. El marketing en redes sociales también se denomina SNS en inglés (Social Networking Services). En esta lección vamos a leer dos casos exitosos para conocer mejor este tipo de marketing y sus sucesos.

Curiosidades   任务驱动

1. Observa las siguientes palabras y contesta a las siguientes preguntas. 请观察下列词语并回答问题。

Internet
Social media
Red
Chat
Buscador

Mensaje

seguidor

1) ¿Qué nos cuentan estas palabras?

2) ¿Cómo se dice social media en español?

3) ¿Puedes decir algunas plataformas de Social media?

4) ¿En inglés se denomina SNS marketing y en español cuál es su traducción?

5) ¿Qué significan estas dos frases?

— Acércate a tus clientes potenciales e impulsa tu marca aumentando tus ventas con Facebook, la red social líder con más de 2.000 millones de usuarios.

— El primer objetivo de un sitio Web será atraer tráfico de calidad hacia el mismo. Existen varias formas de lograr este propósito.

2. Escribe el significado de las palabras en chino. 请用中文注释下列词语。

1) Twitter _____   2) retuit _____

3) campaña _____   4) empatía _____

5) negociar _____   6) blog _____

7) marketing en redes sociales _____   8) marca _____

9) profesional _____   10) reputación _____

Aprendemos   学习内容

Marketing en redes sociales

En los últimos años las redes sociales como Facebook, Twitter, LinkedIn, Blog, etc., cada vez tienen más usuarios. Algunos estudios demuestran que a los seres humanos nos encanta estar en contacto con los otros y la sociedad en conjunto. Las empresas también han empezado a hacer todo tipo de marketing online en redes sociales, con sus propios perfiles. Realmente han conseguido elevar la audiencia y convertir a los interesados en clientes potenciales.

A continuación, vemos el ejemplo de Oreo que aprovechó el apagón de la Super Bowl.

En febrero de 2013 y durante la Super Bowl, el evento deportivo de más audiencia televisiva a nivel mundial cada año, se produjo un corte de energía de 34 minutos.
El equipo creativo de Oreo, inspirado por esta oportunidad, lanzó una imagen por Twitter con el eslogan: "**¿No hay energía? No hay problema. Todavía puedes mojar en la oscuridad**".

Debido al impacto que causó a los usuarios, el gracioso tuit (contenido) se volvió viral rápidamente y recibió más de 16.000 retuits y fue compartido 20.000 veces en Facebook. Al final, esta campaña de marketing, no solo funcionó en redes sociales, sino que se extendió a los medios de comunicación masivos.

（图片来源：https://www.antevenio.com/wp-content/uploads/2015/01/oreo-blackout-superbowl.jpg。）

Varias marcas aprovecharon la situación, pero Oreo fue la que se llevó el gato al agua de las campañas creativas. Este ejemplo explica que no todas las campañas efectivas de publicidad tienen que ser planeadas. Pueden ser espontaneas y aprovechando momentos concretos en las redes sociales.

Marketing en redes sociales II

Aquí contamos una historia de éxito, cuyo concepto es brindar valor a sus seguidores y atraer visitantes a su sitio web desde redes sociales como Facebook, Twitter y Youtube. Cuanto más tráfico hay en el sitio web, de mejor reputación disfruta.

Se trata del sistema de aprendizaje de inglés en línea más popular en América Latina y entre el público hispano en Estados Unidos. Al principio ganó notoriedad con sus exagerados anuncios cómicos, protagonizados por un personaje, muy despistado que intentaba aprender inglés.

La obra captó la atención pública rápidamente, pero le faltaba un poco la imagen profesional. Considerando esto, han agregado contenido de valor educativo al humor en su blog. Además, sabiendo que la principal razón por la que las personas estudian inglés es para conseguir un puesto o mejorar en el trabajo, se tocan temas como "claves para negociar un aumento salarial en inglés", o "25 frases de negocios en inglés". En otras palabras, han identificado correctamente los intereses de su audiencia.

（图片来源：www.openenglish.com。）

Estas dos palabras se escriben diferente, tienen diferentes significados, pero se pronuncian igual ¿Fácil de pronunciar?

¡Visita nuestra página web www.openenglish.com para aprender más!

Vocabulario 词汇		
Super bowl		"超级碗"是美国橄榄球年度冠军赛，是全美收视率最高的电视节目，超级碗因其在全美极高的受欢迎程度，已逐渐成为一个非官方的全国性节日
Twitter		推特，是一家美国社交网站及微博客服务的网站，是全球互联网上访问量最大的十个网站之一
Facebook		脸书，美国的一个社交网站，是世界排名领先的照片分享站点，Facebook 的月活用户超过 20 亿

redes sociales		社交媒体
social media		社交媒体（源自英语）
tuit	*m.*	推文
un corte de energía		停电
apagón	*m.*	停电
volverse viral		病毒式传播（一种营销手段，用户自发传播）
retuit	*m.*	转发推文
eslogan	*m.*	口号
campaña	*f.*	活动
viralizarse	*prnl.*	病毒式传播
marca	*f.*	品牌
generar empatía		产生共鸣
valor	*m.*	价值
blog	*m.*	博客
brindar	*tr.*	提供
negociar	*tr.*	谈判
aumento	*m.*	增加
notoriedad	*f.*	众所周知，著名
humor	*m.*	幽默
perfil	*m.*	侧面、性格类型
sitio web		网页
vuelta	*f.*	回归

Ejercicios 练习

3. Elige la opción más correcta según el contenido de los textos. 根据课文内容选择正确答案。

1) Marketing en redes sociales también se denomina _____.

　　A. Social Media Marketing

　　B. Marketing en Internet

　　C. Marketing digital

2) ¿Por qué hay tantos usuarios en redes sociales según el texto?

    A. Ya que todos tenemos un móvil.

    B. Porque el ser humano es social.

    C. Ya que nos encanta ver todo el mundo.

3) El marketing en redes sociales posibilita _____.

    A. bajar la audiencia

    B. captar tráfico digital

    C. elevar la imagen de la marca

4) Durante la Super Bowl de 2013 de Estados Unidos, ¿qué sucedió?

    A. Un equipo conocido ganó a otro.

    B. El partido duró 34 minutos.

    C. Un corte de electricidad.

5) ¿Qué hizo la empresa Oreo?

    A. Los miembros del equipo creativo estaban reunidos.

    B. Los directivos de Oreo se inspiraron en el apagón.

    C. Oreo aprovechó el apagón para sacar un tuit y consiguió un gran éxito.

6) "*Varias marcas aprovecharon la situación, pero Oreo fue la que se llevó el gato al agua de las campañas creativas.*" Esta frase significa que _____.

    A. todas las marcas aprovecharon bien esta oportunidad del corte de energía y sacaron buenos resultados

    B. muchas marcas intentaron coger gatos durante esta situación, pero fracasaron y solo Oreo llegó a coger el gato y lo tiró al agua.

    C. muchas marcas intentaron aprovechar el apagón de energía, pero solo Oreo obtuvo éxito con su obra creativa de marketing

7) Para desarrollarla bien una marca, es recomendable _____.

    A. hacer más publicidad.

    B. generar empatía con los clientes.

    C. crear una marca primero.

8) Cuando / a más _____ hay, de más _____ se disfruta.

    A. tráfico　　reputación

    B. reputación　　tráfico

    C. estrategia　　tráfico

9) ¿Cómo ganó notoriedad en sus inicios Open English - Latinoamérica?

A. Con un personaje

B. Con la publicidad

C. Con anuncios cómicos

10) ¿Cuál de las siguientes afirmaciones de Open English - Latinoamérica es correcta?

A. Se trata de un sistema de aprendizaje de español.

B. Se enfoca a los hispanos en Estados Unidos.

C. Se enfoca a los españoles que quieren estudiar inglés.

11) ¿Cuál es la principal razón por la que la gente quiere estudiar inglés según el texto?

A. Para conseguir mejores condiciones laborales.

B. Para hablar más idiomas y poder ser directivos.

C. Para elevar su nivel académico.

4. Relaciona la marca y descripciones con sus posibles acciones de marketing en Redes sociales. 请根据品牌营销行为对应其可能的品牌或描述。

	Acciones de Marketing	Marca	Descripcción
1)	Canal utilizado: Facebook y Twitter Oferta de cupones y generación de interacción alrededor del té orgánico Se lograron 250.000 descargas de cupones 2.830 tweets en una hora Se doblaron las ventas del té orgánico.		
2)	Canal utilizado: Twitter y Facebook Ofertas de 79$ por noche en sus 33 hoteles de lujo 1.000 reservas que de otra forma no hubieran sido estimadas Aumento de un 30% a los beneficios anuales de la compañía		
3)	Canal utilizado: Twitter y Facebook Los clientes pidieron que volviera el "chocolatina" Sacaron al mercado 40 millones de chocolatina 18 semanas después toda esta cantidad fue vendida		

A. Feliz de Vivre, una cadena de hoteles de lujo.

B. Saherban, una marca de té orgánico.

C. Chocolaleche, una marca de chocolates.

D. Tiene 10.000 seguidores de Twitter y 5.000 en Facebook. Consiguió que ocuparan 1.000 habitaciones con su promoción para los martes entre sus seguidores en las redes sociales.

E. Producían un tipo de chocolatina, pero lo suspendieron. Un día, los clientes pidieron la vuelta de este producto en las redes sociales. La empresa les hizo caso y tuvo un gran éxito.

F. El té orgánico nunca fue más agradable que cuando Saherban aprovechó su presencia en las redes sociales para repartir sus cupones (250.000 en total) entre sus seguidores.

5. Lee el texto y rellena los espacios en blanco con las palabras correctas. 请阅读短文并用恰当的词语填空。

Los beneficios que las redes sociales pueden aportar a las empresas son infinitos, como una __1)__ de la imagen de la marca en internet, proximidad con el usuario, mayor interactividad con el cliente, __2)__ mejor los productos y servicios de una empresa... Las redes sociales no solo __3)__, sino que también ayudan a conocer lo que tus __4)__ quieren. He aquí vemos un caso exitoso al respecto.

Wispa®, era una famosa chocolatina de la marca Cadbury, pero ya no __5)__ durante unos años. Un buen día, en Facebook, los clientes pidieron la __6)__ de esta chocolatina. Y la empresa les hizo caso. Sacaron al __7)__ 40 millones de Wispa Bar, nuevas chocolatinas, que se vendieron en 18 semanas. Un buen ejemplo para saber lo importante que es __8)__ al cliente, y las redes sociales son el medio donde ellos invierten más tiempo útil.

promueven	mejora	escuchar	mercado
clientes	dar a conocer	se fabricaba	vuelta

📔 Frases usuales 常用表达

Cómo hablar del marketing en redes sociales. 谈论社交媒体营销。

1) El marketing en redes sociales proviene del inglés: social media marketing.
   社交媒体营销源自英语: social media marketing。

2) Debido al impacto que ha causado a los usuarios, el gracioso tuit (contenido) se volvió viral rápidamente.
   由于这条有趣的推文对用户产生了巨大的影响, 推文呈病毒式传播。

6. Lee las siguientes frases y tradúcelas. 阅读下列句子并翻译。

1) Nos encanta estar en contacto con los otros y la sociedad.

2) Como marca, debemos ser capaces de atraer y satisfacer a nuestra audiencia, para generar empatía a nuestros consumidores y para construir una marca fuerte y positiva.

3) La obra por un lado puede captar la atención, pero por otro puede dar la impresión de poco seria o poco profesional.

4) Considerando esto, han agregado contenido de valor al humor en su blog.

5) Al final, esta campaña no solo funcionó en redes sociales, sino que se extendió a los medios de comunicación masivos.

Ampliación 延伸阅读

7. Lee y reflexiona. 背景阅读并思考问题。

奥利奥（OREO）超级碗（SUPER BOWL）期间的推文

2013 年 2 月，美国橄榄球联盟的年度冠军赛"超级碗"(Super Bowl) 在新奥尔良开赛，这是全美收视率最高的电视节目。各大品牌巨头们不惜砸下重金，在赛事直播期间打出广告推广自家产品。

然而，当第三节比赛进行到第 13 分 22 秒时，体育场内突然停电，而且长达 34 分钟。这样的突发事故无疑令主办方尴尬不已，却为企业提供了一个绝佳的广告时机。停电事故发生后，奥利奥立刻以迅雷不及掩耳之势制作了一张海报贴到了 Twitter 上，说道："黑暗之中，你仍然可以泡一泡 (再吃)"。我们不得不佩服这家饼干公司敏锐的事件营销嗅觉和反应速度。这条推文获得了巨大的成功，被迅速转发了数万次。

奥利奥创意推文的成功并非是一次侥幸的偶然事件，这条推文也开启了一轮关于实时营销的产业对话。一部分营销者认为应该就一切有新闻价值的事件发表推文 (即使时机并不适宜)；而更多的人理解了实时营销的真正含义，即：要转变自己的心态，不能只做周期性的通信者，而是要做一个随时准备发布新内容的制作人。

1) ¿Qué has aprendido de este ejemplo de marketing en redes sociales?
2) Escribe tu propuesta para tu empresa o tu marca online.

Unidad 6
第六章

Atención al cliente
跨境电商客户服务

Lección 1　Importancia de la Atención al Cliente
　　　　　客服交际的重要性
Lección 2　Estrategia de Comunicación con el Cliente I: Saludos y Descripción
　　　　　客服交际技巧（一）：问候与产品介绍
Lección 3　Estrategia de Comunicación con el Cliente II: Precio, Forma de Pago y Descuento
　　　　　客服交际技巧（二）：价格、支付方式与折扣促销
Lección 4　Servicio Postventa
　　　　　售后服务

Lección 1　Importancia de la Atención al Cliente
客服交际的重要性

Objetivos　学习目标

— Aprender la importancia de la atención al cliente
　学习跨境电商客服的重要性
— Poder planificar la estrategia de la atención al cliente para vender mejor y fidelizar a los consumidores
　能够运用恰当的客服交际策略，促进销售并提高客户忠诚度

Introducción　情景导入

电商客户服务不同于传统实体贸易客服，因为客户不能实际感知产品，需要客服人员详细介绍与解答，因此，客户服务尤为重要。它包含了诸多人性化因素，如：如何介绍产品，解决客户的疑问，给予技术支持、建议等。而且客服人员不能仅局限于销售产品，还要通过优秀的服务，使客户不断回购，成为忠诚的客户。

El servicio de atención al cliente online es diferente que el tradicional. Como los clientes no pueden sentir el producto, el personal de atención al cliente necesita ofrecer una descripción detallada y contestar las consultas. Por lo que el servicio de atención al cliente es especialmente importante, éste abarca varios factores personalizados como, por ejemplo, cómo describir los productos, resolver las dudas, dar apoyo técnico y consejos, etc. Además, el personal no solo se limita a vender el producto sino también a hacer comprar continuamente al cliente y fidelizarle a través de un excelente servicio.

Curiosidades　任务驱动

1. Lee las siguientes afirmaciones y contesta a las preguntas. 阅读下列句子并回答问题。

Índice de respuesta：100%，
Tiempo de respuesta：2 horas
Responde antes para activar la insignia

1) Analiza la importancia del índice de respuesta

2) Analiza la importancia del tiempo de respuesta.

3) ¿Cómo se activa la insignia?

2. Escribe el significado de las palabras en chino. 请用中文注释下列词语。

1) experiencia de compra _____ 2) servicio personalizado _____

3) fidelizar _____ 4) fidelización _____

5) cliente potencial _____ 6) índice de respuesta _____

7) tiempo de respuesta _____ 8) insignia _____

9) perfil del cliente _____ 10) atención al cliente _____

Aprendemos 学习内容

Los servicios de atención al cliente abarcan varios factores personalizados que ofrecemos a nuestros clientes como la capacidad de contestar las consultas, de resolver las dudas, dar consejos técnicos, solucionar quejas y reclamaciones etc.

En el comercio electrónico el objetivo de un servicio de atención no solo es vender el producto sino también fidelizar a la clientela.

En el mundo online, como los compradores no pueden experimentar con el producto, si no podemos ofrecer un servicio satisfactorio para el comprador, éste nunca volverá a comprar en nuestra tienda online. De hecho, tener buenos productos es importante pero no es lo único para tener buenos resultados comerciales.

Para aprovechar mejor la ventaja del comercio electrónico frente al comercio tradicional, y para cuidar mejor a nuestro cliente con nuestro estilo, necesitamos contar con una serie de estrategias de buena atención, como: la formación del personal; el horario de atención al cliente; conocer bien el perfil de los clientes; el límite hasta el que estamos dispuesto a satisfacer las demandas del comprador; ser rápidos en responder y siempre en el mismo canal.

Un excelente servicio de atención al cliente puede traer buena experiencia de compra, convertir a los clientes potenciales en verdaderos y fidelizarlos. Sin embargo, tras una mala experiencia es posible que el consumidor no vuelva más.

Vocabulario 词汇

abarcar	tr.	包含	frente a		面对
factores personalizados		个性化因素	perfil del cliente		客户背景
fidelizar	tr.	使忠诚	insignia	f.	标记、徽章
clientela	f.	客户（集合名词）	rotundo, da	adj.	断然的

Ejercicios 练习

3. Elige la opción más correcta según el texto. 根据课文选择合适的选项。

1) Los servicios de atención al cliente abarcan varios factores personalizados como _____.

　　A. contestar a ciertas horas

　　B. pasar video de instrucción al cliente

　　C. solucionar dudas y quejas

2) En el comercio electrónico el objetivo de un servicio de atención es _____.

　　A. vender lo máximo posible

　　B. vender y fidelizar al cliente

　　C. atraer a más posibles compradores

3) ¿Cuál de las siguientes afirmaciones es correcta?

　　A. Tener buenos productos siempre puede producir buenos resultados comerciales.

　　B. En el mundo online los compradores pueden experimentar con los productos antes de comprarlos.

　　C. Si no ofrecemos un servicio satisfactorio, el comprador no volverá a comsumir en nuestra tienda.

4) ¿Cuál de las siguientes estrategias no ha sido mencionada en el texto?

　　A. Conocer bien el perfil del cliente.

　　B. Ser rápido en responder.

　　C. Luchar contra el comercio tradicional.

5) Una mala experiencia de compra puede _____.

　　A. hacernos perder el cliente

　　B. que el consumidor vuelva a comprarnos

　　C. aportarnos más compradores

4. Lee el texto y rellena los espacios en blanco con las palabras correctas. 请阅读短文并用恰当的词语填空。

Uno de los canales de servicio al cliente es el chat.

Se está convirtiendo en una ___1)___ fundamental en los comercios online por sus ventajas frente al email, ya que permite ___2)___ a varios compradores a la vez y es un ___3)___ gratuito para el usuario.

Según datos autorizados, casi la mitad de las visitas que utiliza el chat se convierten en compradores y el volumen del ___4)___ promedio de la tienda online aumenta en un 74%.

Por otro lado, muchas empresas ofrecen servicios de atención al cliente en las ___5)___ sociales como en Facebook, Twitter. Sin embargo, como canal de atención al cliente no son los más recomendables, ___6)___ que los usuarios sean todos jóvenes.

> canal   atender   herramienta   pedido   salvo   redes

5. Lee a continuación 6 descripciones de estrategias a seguir para optimizar la atención al cliente en una tienda de comercio electrónico y luego busca la estrategia correspondiente. 请阅读以下六种优化网店客服的策略描述，找出其对应的策略。

1)	Establecer una metodología uniforme, unas pautas y un estilo de atención al cliente universal en todos los canales de atención al cliente y que forme parte de una estrategia integral de la empresa.
2)	Escuchar, atender sus necesidades y ofrecerles una respuesta de la forma más rápida, oportuna y eficaz cumpliendo con los más elevados estándares de exigencia.
3)	Es importante monitorizar los comentarios que se realizan en Internet y en redes sociales sobre sus productos o sus servicios, o sobre temas de interés para su negocio. Permite conocer mejor los gustos y necesidades de los consumidores y adaptar la oferta al objetivo.
4)	Analizar y medir los resultados para mejorar la planificación y dimensionamiento del servicio y conseguir la máxima calidad en todo el proceso y la satisfacción del cliente continuamente.
5)	No hay que estar en todos los canales, simplemente por el hecho de estar. Aunque lo recomendable es una plataforma de servicios multicanal que complemente y mejore los canales habituales de atención y de soporte (teléfono, email, etc.) con otros, como las redes sociales o los chats interactivos.
6)	El valor añadido que aporta el empleado para lograr una excelente experiencia del cliente es fundamental en cualquier sector. Los agentes representan la voz de las compañías. Por ese motivo, es importante contar con profesionales formados, con experiencia y habilidades comunicativas que sepan mostrar empatía y atender adecuadamente las consultas.

A. Conocer mejor el perfil del cliente

B. Definir los canales de comunicación más adecuados al negocio

C. Proporcionar respuestas rápidas

D. Contar con un buen equipo humano

E. Diseñar una estrategia de comunicación global e integrada

F. Crear una estructura de mejora continua

6. **Imagina que eres jefe de atención al cliente, ahora elabora tu estrategia para tu equipo de servicio al consumidor.** 假设你是客户服务的负责人，现在请你指导客服团队的服务策略。

Frases usuales　常用表达

Hablar del servicio de atención al cliente. 谈论客户服务。

1) En el comercio electrónico el objetivo de un servicio de atención no solo es vender el producto sino también fidelizar a la clientela.

   跨境电子商务中的客户服务目的不仅是销售产品，而是使客户忠诚。

2) Los servicios de atención al cliente ya no se limitan a las quejas y reclamaciones, sino que está hecho para poder vender más profesionalmente y hacer que tus clientes potenciales conozcan tu producto de una manera más personalizada.

   客户服务不仅局限于投诉和索赔，而是关注更专业的销售，使你的潜在客户以更个性化的方式了解你的产品。

7. **Lee las siguientes frases y tradúcelas.** 阅读下列句子并翻译。

1) El protocolo de atención al cliente se trata de una serie de criterios, conceptos, ideas y creencias que trae un sentimiento agradable al posible comprador.

2) El papel y el valor añadido que aporta el empleado para lograr una excelente experiencia del cliente es fundamental en cualquier sector.

3) Por ese motivo, es esencial contar con profesionales formados, con experiencia y habilidades comunicativas que sepan mostrar empatía y atender adecuadamente las consultas.

4) Que no lleguemos a vender puede pasar por diversos motivos, pero se da por seguro que, si la persona de atención al cliente falla, conducirá a una pérdida de las ventas o a una rotunda negativa en volver a comprar en esa tienda.

Ampliación　拓展延伸

8. **Lee y reflexiona.** 阅读并思考问题。

Que no lleguemos a vender puede pasar por diversos motivos, pero se da por seguro que, si la persona encargada de la atención al cliente falla, nos conducirá a una pérdida de las ventas o una rotunda negativa en volver a comprar en esa tienda.

La atención al cliente es fundamental. Muchas veces, por un producto o servicio similar, preferimos consumirlo en una tienda donde nos han atendido mejor, o incluso consumimos más si nos satisface la atención.

El protocolo de atención al cliente consiste en una serie de criterios, conceptos, ideas y creencias que producen un sentimiento agradable al posible comprador.
(Texto adaptado de https: //www.padigital.es/experiencia-de-cliente/la-importancia-de-contar-con-un-protocolo-de-atencion-al-cliente-online.html)

1) Si el personal de atención al cliente falla, ¿qué puede pasar?
2) Por un producto o servicio parecido, una tienda online tarda mucho en contestarte y otra te atiende mucho mejor, ¿a quién comprarías? Razona tu respuesta.

Lección 2　Estrategia de Comunicación con el Cliente I: Saludos y Descripción
客服交际技巧（一）：问候与产品介绍

Objetivos　学习目标

— Aprender estrategias para saludar al cliente y presentar productos
　学习跨境电商客服与客户的问候、介绍产品的技巧
— Poder saludar al cliente y presentar productos debidamente
　能够恰当地问候客户并介绍产品

Introducción　情景导入

本课将学习电商客服与客户的交际技巧，学习电商客服代表如何代表公司进行自我介绍，如何用西班牙语与客户打招呼、问候，并介绍产品系列或产品性能以及告别语。

En esta lección vamos a prender la estrategia de comunicación entre el personal de atención al cliente y los usuarios. Veremos cómo se presenta el agente de atención al cliente, cómo saluda a los compradores, cómo les presenta los productos y cómo se despide.

Curiosidades　任务驱动

1. ¿Cuáles son los saludos y despedidas más correctos del servicio al cliente? 下列哪些是恰当的电商客服问候语和告别语？

1) ¡Hola, buenos días!
2) ¡Buenas tardes! ¿En qué puedo ayudarte?
3) ¡Hola! ¿qué tal todo?
4) Se despide atentamente
5) Muchas gracias por su consulta. ¡Que tengas un buen día!
6) Le saludo atentamente

2. Observa la siguiente expresión y elige cuál es su significado. 请观察以下表达方式并选择其含义。

ATENCIÓN AL CLIENTE
La comunicación desempeña un papel importantísimo en el éxito de una estrategia de servicio de atención al cliente.

A. Una buena comunicación con los clientes ayuda a mejorar la estrategia de servicio de atención al cliente.

B. La interacción a tiempo con los clientes es fundamental al elaborar la estrategia.

C. Comunicarse con los clientes es esencial para llevar a cabo con éxito la estrategia de servicio de atención al cliente.

Aprendemos 学习内容

Las primeras impresiones se forman en los primeros 7 segundos. *¡Es importante dar una buena impresión!* Al iniciar una conversación con alguien, siempre debes presentarte. Por ejemplo, cuando se responde a una llamada, decimos: "Buenos días, Cámara de comercio, ¿En qué puedo ayudarle?"

Presentar productos también es importante. A continuación, vemos un ejemplo de un diálogo entre personal de atención al cliente y el comprador.

Nuria (clienta): ¡Hola, buenos días!

    Ana: Buenos días, señorita. Soy Ana, del departamento atención al cliente de Aguabella. ¿En qué puedo ayudarle?

    Nuria: Trátame de tú por favor. Estaba buscando una crema nutritiva. ¿Me puedes aconsejar algo?

    Ana: De acuerdo. Aguabella es una marca de cosméticos que se dedica a mantener la salud y belleza cutánea de todas las mujeres.

Cliente: Eso no suena mal.

    Ana: Tenemos varias series: la serie Rosa para la piel seca y envejecida, la serie Lirio para la piel con las primeras arrugas, la serie Jarzmín para la piel joven y la serie Azafrán para piel con granitos.

    Nuria: Creo que me conviene la serie Lirio, es que noto que me están saliendo algunas arrugas este invierno.

    Ana: Pues como nuestra serie Lirio contiene extracto de lirio como ingrediente activo, es hidratante, nutritiva y antioxidante. Después de aplicar la serie durante un mes, ya

puedes empezar a notar mejoras notables.

Nuria：Muy bien. Espero que funcione.

Ana：Pues Nuria, para disfrutar de los mejores resultados, te recomiendo comprar toda la serie Lirio, que son cuatro productos: loción, suero facial, crema facial y mascarilla.

Nuria：Vaya, tantas cosas, deben ser muy caras.

Ana：Pero la calidad y la efectividad son indudables.

Nuria：De acuerdo y muchas gracias por tu explicación.

Ana：¡Gracias por tu consulta! ¡Que tengas un buen día!

Vocabulario 词汇

la primera impresión		第一印象	Serie Azafrán		藏红花系列
las primeras impresiones		最初的印象	granito	m.	青春痘
presentarse	prnl.	自我介绍	ingrediente activo		活性成分
cutáneo, a	adj.	皮肤的	loción	f.	润肤水
Trátame de tú por favor		请跟我用"你"称呼	suero facial		面部精华液
mantener la salud y belleza cutánea		保持皮肤的健康和美丽	funcionalidad	f.	功能
Eso no suena mal		听上去不错			

Ejercicios 练习

3. Elige la opción más correcta según el texto. 根据课文选择合适的选项。

1) Las primeras impresiones se forman en los primeros _____.

　A. 7 minutos　　　　　　B. 7 segundos　　　　　　C. 2 segundos

2) Al empezar una conversación con el posible cliente, es mejor _____.

A. hacerle una presentación del producto

B. presentarse a sí mismo

C. presentarse en nombre de la empresa

3) Ana pertenece al departamento de atención al cliente de una empresa de _____.

　A. cosméticos　　　　　　B. agua　　　　　　C. perfume

4) ¿Cuántas series ha mencionado Ana de atención al cliente?

　A. 2 series　　　　　　B. 3 series　　　　　　C. 4 series

5) ¿Qué problema cutáneo tiene la compradora del texto?

    A. Tiene la piel seca.

    B. Le están empezando a salir arrugas.

    C. Tiene granos.

4. Lee el diálogo y rellena los espacios en blanco con las palabras correctas. 请阅读对话并用恰当的词语填空。

Sonia：Buenos días, señorita. Bienvenida a Gengible Bona, soy Ana, del departamento de _____ al cliente. ¿En qué puedo ayudarle?

Julia：Estaba buscando un champú para que mi cabello no _____ tanto. ¿Me puede aconsejar algo?

Sonia：De acuerdo. Gengible Bona es una _____ de productos de cabello para mantener la _____ del cabello y _____（健发和固发）.

Julia：Eso no suena mal.

Sonia：Tenemos varias series: la serie Jengible para quien pierde mucho cabello, la serie Cereza para el cabello _____ y la serie Limón para cabello seco.

Julia：Es muy interesante. Me lo voy a comprar.

| fortalecerlo | marca | atención | caiga | sin brillo | salud |

5. Imagina que eres un trabajador de atención al cliente. Escribe un diálogo con un cliente que está interesado en los productos que vendes. 假设你是电商客服人员，现有一名客户对你销售的产品感兴趣，请写一篇与该客户的对话。

Frases usuales　常用表达

Cómo saludar a los clientes. 如何问候客户。

"¡Bueno días / Buenas tardes, señorita! Gracias por contactar con Aguabella［empresa］. Mi nombre es Ana, agente de atención al cliente. ¿Cómo puedo ayudarle?"

女士，早上好 / 下午好！感谢您来访"美丽之水"，我是安娜，客服代表。有什么能帮您的吗？

Cómo presentar productos a los clientes. 如何向客户介绍产品。

Tenemos varias series: la serie Rosa para la piel seca y envejecida, la serie Lirio para la piel con primeras arrugas, la serie Jarzmín para la piel joven y la serie Azafrán para piel con granitos.

我们有很多系列：适合干燥、衰老肌肤的玫瑰系列，针对初期皱纹的百合花系列，适合年轻肌肤的茉莉花系列和针对青春痘的藏红花系列。

6. Lee las siguientes frases y tradúcelas. 阅读下列句子并翻译。

1) "¡Hola, buenas tardes! Bienvenida a Bellavista (empresa), ¿en qué puedo ayudarle?"

2) Nuestro producto está especializado en mantener la salud del cabello y fortalecerlo.

3) ¿Le importaría esperar unos minutos mientras consulto al departamento técnico?

4) Debajo de la imagen encontrarás una tabla detallada con las características técnicas de nuestro producto para puertas correderas. Se trata de un revolucionario sistema que le permitirá una experiencia agradable manteniendo un alto nivel de funcionamiento.

Ampliación 拓展延伸

7. Lee y completa los espacios en blanco con las palabras ofrecidas y contesta a las preguntas. 请阅读、选择恰当的词语填空并回答问题。

| en espera | Disculpe | consulto | de inmediato | devolveré | importaría | en caso de |

¿Cómo comunicar a los clientes que se necesita tiempo para resolver su problema?

No siempre es posible resolver un problema __1)__ . Sin embargo, tampoco debes dejar a tu cliente __2)__ sin explicarle lo que está pasando.

Aquí mostramos unos ejemplos de cómo hacerle saber al comprador que se necesita tiempo:

"__3)__ , pero necesito unos momentos para resolver este problema"

"¿Le importa esperar unos minutos mientras __4)__ al departamento técnico?"

"¿Le __5)__ esperar unos segundos mientras busco la solución?"

Incluso puedes decirle al cliente que le contactarás más tarde __6)__ que tenga prisa: "Si tiene prisa, con gusto le contactaré o le __7)__ el correo electrónico con una respuesta".

a) Si el consumidor reacciona negativamente, ¿qué le vas a decir?

b) Si el cliente tiene prisa, ¿qué le dirías?

Lección 3　Estrategia de Comunicación con el Cliente II: Precio, Forma de Pago y Descuento
客服交际技巧（二）：价格、支付方式与折扣促销

Objetivos　学习目标

—Aprender estrategias para negociar el precio con cliente y presentar la forma de pago
学习跨境电商客服与客户协商价格的技巧与介绍付款方式
—Poder negociar el precio con el consumidor, recomendarle ofertas adecuadas etc.
能够恰当地与客户讨价还价，推荐合适的促销活动等

Introducción　情景导入

本课我们将学习客服人员在面对用户讨价还价时的回答技巧以及如何向客户介绍付款方式。当客户质疑商家支付方式或平台支付安全时，如何恰当地应答。此外，我们还将学习当遇到不能立刻解决的技术问题时，如何应对。

Vamos a aprender la estrategia y táctica del personal de atención al cliente frente a las posibles negociaciones y presentar al cliente las formas de pago. Cuando los usuarios dudan de la forma de pago de la tienda online o de la seguridad de pago de la plataforma, ¿cómo les respondemos de forma adecuada? También veremos qué hacemos cuando hay algún problema técnico que no se soluciona en el momento.

Curiosidades　任务驱动

1. Observa las siguientes frases. Indica cuáles son de clientes y cuáles del personal de atención al cliente. 观察下列句子，请指出哪些出自客服人员，哪些出自客户。

1) ¡Estamos aquí para ayudarte! ¡El servicio al cliente es nuestra prioridad!
2) ¿En qué podemos ayudarte?
3) Estoy buscando un vestido de la talla M.
4) Gracias por haber visitado nuestra página.
5) ¿Por qué han tardado tanto en contestarme?
6) ¡Hoy es el quinto aniversario de la tienda! ¡Hay hasta un 60% de descuento!

7) Me alegra haberle ayudado.

8) Estoy interesada en este modelo de ropa infantil.

   A. personal de atención al cliente   B. cliente

2. Escribe el significado de las palabras en chino. 请用中文注释下列词语。

1) personal _____ 2) recurso _____
3) negociar el precio _____ 4) seguridad de pago _____
5) factura electrónica _____ 6) juego completo _____
7) video de instalación _____ 8) instrucción _____
9) ilustración _____ 10) de lo contrario _____

📒 Aprendemos 学习内容

A veces el personal de atención al cliente online no puede resolver el problema de su cliente de inmediato y necesita la ayuda de otro departamento u otro recurso. Muchas veces el cliente quiere negociar el precio o pide un descuento. Cuando el cliente tiene dudas sobre la forma de pago y la seguridad de pago, ¿cómo se le contesta? A veces el cliente también solicita factura. ¿Cómo se le contesta de forma adecuada? Aquí vemos unos ejemplos:

(Ana forma parte del personal de atención al cliente y Nuria, una clienta.)

Ana: Justamente ahora en Aguabella tenemos una oferta por el año nuevo. Si haces el pedido hoy y si la compra es de por lo menos 80 euros, puedes disfrutar de una rebaja del 10%.

Nuria: A ver. Me parece una buena oferta y me gustaría probar esta serie. Así que voy a realizar el pedido ahora mismo.

Ana: ¡Muy bien! ¡Y muchas gracias! Una vez realizada la compra, te enviamos los productos.

Nuria: De acuerdo.

II

(Maribel forma parte del personal de atención al cliente y Sr. Fernández, un cliente.)

Maribel: Hola, Sr. Fernández, instalar la rueda para la puerta corredera no es muy complicado.

Sr. Fernández: Pero no soy técnico, y no sé cómo montarlo. Entonces, ¿qué puedo hacer?

Maribel: Le puedo enviar un video de instalación ahora mismo. Ya verá que es muy sencillo.

Sr. Fernández: Vale, ya lo voy a estudiar.

Maribel: Además también hay una hoja de instalación con ilustraciones y explicaciones detalladas dentro del embalaje.

Sr. Fernández: Muy bien, y muchas gracias. Por lo que veo el montaje es fácil, así pues, quizá quiero comprar varios juegos para todas las puertas de mi oficina. ¿Hay algún descuento?

Maribel: Pues, cada juego completo vale 16 euros. Justo actualmente participamos en la promoción de la plataforma y ofrecemos una rebaja del 5% si compra más de 10 juegos completos. De lo contrario, no ofrecemos oferta.

Sr. Fernández: ¿Cómo puedo pagarlos?

Maribel: Puede pagarnos con tarjeta de crédito (Visa), tarjeta de débito, Alipay, Paypal o transferencia bancaria.

Sr. Fernández: ¿Es seguro pagar en línea?

Maribel: No se preocupe. La plataforma es a nivel mundial, tiene un sistema informático de alta seguridad. Toda la información personal y bancaria es confidencial y nadie tiene acceso a ella.

Sr. Fernández: Eso espero. Ah, otra cosa, también necesito una factura a nombre de mi empresa por esta compra. El nombre de la empresa es Perla Diseño S.A.

Maribel: De acuerdo, una vez realizado el pago, le enviaré la factura electrónica por correo electrónico.

Sr. Fernández: Perfecto.

Vocabulario 词汇

oferta	f.	折扣，特价（出售）	tarjeta de crédito		信用卡
rebaja	f.	特价，折扣	tarjeta de débito		借记卡
resolver	tr.	解决	transferencia bancaria		银行转账
recurso	m.	资源	en línea		网上
forma de pago		付款方式	acceso	m.	进入
seguridad de pago		支付安全	factura	f.	发票
montaje	m.	安装	a nombre de		以……的名义，在……名下
confidencial	adj.	机密的	factura electrónica		电子发票
refrescar	tr.	刷新			

Ejercicios 练习

3. Elige la opción más correcta según el contenido de los textos. 根据课文内容选择正确答案。

1) ¿Cuál de las siguientes afirmaciones es verdadera?

   A. El personal de atención al cliente siempre puede solucionar todo de inmediato.

   B. El personal de atención al cliente si no puede solucionar el problema, habla de otros temas.

   C. El personal de atención al cliente también recurre a otros recursos cuando no puede solucionar el problema.

2) Justamente en Aguabella había una rebaja del _____.

   A. 5%　　　　　　B. 10%　　　　　　C. 15%

3) Cuando el consumidor, Sr. Fernández, se quejó de no saber montar el producto, ¿qué le contestó Maribel, agente de servicio al cliente?

   A. Le explicó en detalle cómo montarlo.

   B. Le envió un video de instalación.

   C. Le buscó un técnico para explicarle cómo montarlo.

4) Cuando el Sr. Fernández le pidió descuento, ¿cómo le contestó Maribel?

   A. Que su empresa no participaba en la promoción de la plataforma.

   B. Que su empresa ofrecería una rebaja del 10% si compra más de 10 juegos.

   C. Que su empresa ofrecería una rebaja del 5% si compra más de 10 juegos.

5) ¿Cuál de las siguientes formas de pago no se ha mencionado?

   A. transferencia bancaria

   B. tarjeta de crédito

   C. redes sociales

4. Lee el diálogo y rellena los espacios en blanco con las palabras correctas. 请阅读对话并用恰当的词语填空。

Ana (atención al cliente)：Señora, ¿le ha gustado mi explicación?

Juan：__1)__ de tú por favor.

Ana：De acuerdo.

Ana：El precio me parece alto. ¿Hay algún __2)__ ?

Ana：Justamente ahora en Gengible Bona tenemos una __3)__ por la Navidad, si haces el pedido hoy y compras 3 juegos completos puedes __4)__ un descuento de 8% más un sobre rojo.

Juan: A ver. Me parece buena oferta y me gustaría probar esta serie. Así que, voy a ___5)___ el pedido ahora mismo.

Ana: ¡Fantástico! Una vez ___6)___ la compra, te enviamos los productos.

Juan: De acuerdo.

Ana: ¡Que tengas un buen día!

> oferta　　realizada　　descuento　　Trátame　　disfrutar de　　realizar

5. Ordena el siguiente diálogo. 请给下列客服对话排序。

Sonia es trabajadora de la atención al cliente, y Carmen es la compradora.

_____ Sonia: Perfecto, pues vamos a intentarlo otra vez. Solo tardaremos un par de minutos. Vuelva a la página del producto que desea comprar y añádalo a la cesta.

_____ Sonia: Buenos días, secretaría técnica de Ciencia Nova, le atiende Sonia ¿en qué podemos ayudarle?

___10)___ Carmen: Vale, lo he hecho y ahora veo el producto en la cesta. Pero ¿dónde están los descuentos?

_____ Sonia: En la parte inferior de la página verá la oferta y el precio final.

_____ Carmen: Es que añado los auriculares a la cesta de compra, pero no aparece el descuento. No sé cómo puedo disfrutar de la oferta.

_____ Carmen: Hola Sonia, necesito que me ayude con el pedido que estoy haciendo online.

_____ Sonia: ¿Señora, tiene la página web todavía abierta? Así podré acompañarla durante el proceso de compra.

_____ Sonia: Por supuesto, ¿Cuál es su problema? ¿De qué se trata exactamente?

_____ Carmen: Sí, lo tengo delante.

_____ Carmen: Sí, sí, ya lo he añadido, pero no aparece nada.

_____ Sonia: Justamente estamos en la temporada de promoción.

_____ Carmen: Pulso en el botón verde, realizo el pago online y ya se acaba el proceso de compra, ¿verdad?

_____ Sonia: Exacto. Una vez realizado el pago, se lo enviaremos en 24 horas.

_____ Sonia: Después de añadir los productos, si tarda en aparecer, refresque la página.

_____ Carmen: ¡Ah, sí, veo que se calcula automático y hay bastante descuento! ¡Qué bien!

___16)___ Carmen: Muchísimas gracias. Espero que estos auriculares sean de buena calidad.

6. Imagina que eres parte del personal de atención al cliente, ahora escribe un diálogo con un consumidor explicándole las ofertas y las formas de pago.
假设你是电商客服人员，现有请对客户解释产品的促销活动和付款方式，请写一篇对话。

Frases usuales　常用表达

Cómo hablar de precio, oferta, promoción, forma de pago o negociar con el cliente. 如何谈论价格、特价、促销、付款方式或与客户讨价还价。

En este momento, no tenemos ninguna promoción en marcha, aunque quizás puedo recomendar el mejor paquete para usted en función de sus necesidades. De lo contrario, si me da su dirección de correo electrónico puedo informarle cuando tengamos una nueva promoción. ¿Le parece?"

现在我们正好没有促销活动，然而我也许可以根据您的需求为您推荐最好的套餐。要么，请告知您的电子邮件，等下次促销时，我立刻通知您。您觉得如何？

Cómo hablar de la seguridad en línea con el cliente. 如何谈论网络安全问题。

"¡Es lógico que esté preocupado por su seguridad en línea! Todos los días hacemos unas 2.000 transacciones en línea. Aquí, nuestro sitio web es extremadamente seguro. ¿Hay algo más con lo que pueda ayudarle?

您担忧网络安全是很正常的！我们每天网上交易2000次左右。我们的网页非常安全。还有什么可以帮到您的吗？

7. Lee las siguientes frases y tradúcelas. 阅读下列句子并翻译。

1) Cada juego completo vale 9 euros. Actualmente justo participamos en la promoción de la plataforma y ofrecemos una rebaja del 5% si compra más de 10 juegos completos. De lo contrario, no ofrecemos oferta.

2) Puede pagarnos con tarjeta de crédito (Visa), tarjeta de débito, Alipay, Paypal o transferencia bancaria.

3) En este momento, no tenemos ninguna promoción en marcha, aunque quizás puedo recomendarle el mejor paquete para usted en función de sus necesidades.

Ampliación　拓展延伸

8. Lee y reflexiona. 阅读并思考。

Cómo gestionar a un cliente pidiendo un descuento

Es mejor atender estas solicitudes caso por caso. Si una empresa dispone de un presupuesto ajustado, evaluaremos sus necesidades y le ofreceremos un descuento.

Podemos responder de esta forma, por ejemplo:

"¿cuál es su presupuesto?" y "tal vez le recomendemos el mejor paquete o le hagamos saber si tenemos próximamente una promoción", o darle un descuento en el momento.

"En este momento, no tenemos una promoción en marcha, aunque quizás puedo recomendarle el mejor paquete para usted en función de sus necesidades. Si me da su dirección de correo electrónico puedo informarle cuando tengamos una nueva promoción. ¿Le parece bien?"

1) Si tu cliente te pide un descuento, ¿qué le dirías?

2) Si no hay ninguna promoción en tu tienda online y te piden descuento, ¿qué harías?

Lección 4　Servicio Postventa
售后服务

Objetivos　学习目标

— Aprender estrategias de postventa para comunicar mejor con el cliente
学习跨境电商客服与客户的售后服务沟通技巧
— Poder proporcionar información de postventa al cliente, informar el número de envío del "courie" (empresa de mensajería), factura, reembolso y devoluciones
能够恰当地与客户沟通售后服务信息，告知快递单号、发票、处理退货或退款等问题

Introducción　情景导入

当客户收到货品后会遇到各种问题，因此售后服务尤其重要。通常情况下电商客服收到的客户留言或反馈应在第一时间回复客户，即使问题没有解决也需尽快回复处理状态。本课将学习当客户要求寄送发票、退货、退款时的应对方式。

Después de hacer el pedido puede aparecer muchos tipos de problemas. En este caso, el servicio postventa demuestra su importancia. Es recomendable responder al consumidor a primera hora, se solucione o no el problema. También vamos a aprender las expresiones sobre factura, devolución, reembolso, etc.

Curiosidades　任务驱动

1. ¿Cuáles de las siguientes afirmaciones son verdaderas? 下列哪种说法正确？

1) El proceso de venta termina cuando un cliente compra el producto y se lo lleva a casa.
2) Un cliente satisfecho, bien atendido y que sabe que puede contar con la empresa en cualquier momento, probablemente elegirá esa misma marca en el futuro.
3) Conseguir un cliente nuevo cuesta 5 veces más que mantener uno fijo.
4) Las estrategias de servicio postventa no son importantes.
5) Si el producto está vendido todo está acabado.
6) El personal de servicio postventa no debe contestar al consumidor si aun no hay solución para sus problemas.

7) El servicio postventa es una manera de fidelizar los clientes y exige muchos esfuerzos y acciones para estrechar la relación.

8) Como regla general, si prometió volver con una respuesta a un comprador, póngase en contacto con él en un plazo no mayor de 24 horas.

2. Escribe el significado de las palabras en chino. 请用中文注释下列词语。

1) postventa _____
2) seguimiento de cliente _____
3) satisfecho _____
4) bien atendido _____
5) contar con _____
6) llevarse a casa _____
7) cliente fijo _____
8) regla general _____
9) queja _____
10) no mayor de _____

Aprendemos 学习内容

Como regla general, si la persona del servicio al cliente recibe una consulta, queja o promete volver con una respuesta a un cliente, se recomienda ponerse en contacto con él en un plazo no mayor de 24 horas, ¡incluso si todavía no tiene una solución! Esto le mostrará que no le ha olvidado y que está trabajando en el problema.

Cuando el personal de servicio postventa se enfrenta a una solicitud de reembolso o devolución depende de cómo se gestione, puede causar la mínima pérdida posible. Abajo vemos posibles respuestas a estas situaciones:

1)

Maribel (servicio al cliente): Buenas tardes Sr. Fernández, le escribo para informarle que a su petición ya le envié la factura electrónica a su correo electrónico.

Sr. Fernández (cliente): Muy bien, ahora la voy a chequear.

Maribel: Y el paquete de sus artículos ya está en camino. Puede consultar el número de seguimiento en el estado de pedido en la plataforma.

Sr. Fernández: !Fantástico y muchas gracias!

Maribel: Después de recibir nuestros productos, si le gustan y le satisfacen, no olvide de dar su opinión positiva. Le agradeceríamos muchísimo su apoyo.

Maribel: De acuerdo.

2)

Sra. García (cliente): Buenos días. Hoy he recibido vuestras ruedas de puertas correderas y las guías de aluminio. Las guías han llegado dobladas y deformadas. Solicito que me devuelvan el dinero de las guías.

Maribel (servicio al cliente)：Lamento oírlo. Realmente nos importa que nuestros clientes obtengan los productos correctos, por lo que procesaremos su solicitud de reembolso de inmediato.

Sra. García：¿Las ruedas funcionan sin guías?

Maribel：No, no funcionan. Deben ir con las guías. En vez de devolverle el dinero, quizá la mejor solución es reemplazarle las guías. Esta vez reforzaremos el embalaje.

Sra. García：Déjeme pensarlo ...

Maribel：Si insiste en su reembolso, los fondos podrán llegar a su cuenta dentro de 5 días.

Sra. García：Creo que es mejor reemplazarme las guías, ya que las necesito para mi nueva casa.

Maribel：De acuerdo. Esta tarde enviamos las piezas reemplazadas. Si tiene otro problema o solicitud, no dude en contactar otra vez. Muchas gracias y esperamos su buena valoración.

Vocabulario 词汇

regla general		普遍规则	fondo	m.	资金
ponerse en contacto con		跟……联系	modelo	m.	型号
a su petición		应您的要求	pulgada	f.	英寸
rueda	f.	滑轮，轮子	repuesto	m.	配件
puerta corredera		移动拉门	cuadrito	m.	小方块
guías de aluminio		铝轨道	distorsionado, da	p.p.	扭曲的
devolver	tr.	归还	estirado, da	p.p.	拉紧的，紧绷的
procesar	tr.	启动，着手	flojo, ja	adj.	松的
devolución	f.	退货	forzado, da	p.p.	紧绷的，强化的
reembolso	m.	退款	PC (ordenador personal)		个人电脑
reemplazar	tr.	替换			

Ejercicios 练习

3. Elige la opción más correcta según el texto. 根据课文选择合适的选项。

1) Como regla general, cuando se recibe una consulta se recomienda contactar con el cliente en _____ horas.

A. 8　　　　　　　　　B. 12　　　　　　　　　C. 24

2) Cuando el personal que atiende al cliente aun no tiene solución para el cliente, debe _____.

　　A. esperar hasta que tenga solución

　　B. mantenerse callado

　　C. ponerse en contacto con el consumidor lo antes posible

3) Maribel envió la factura electrónica al Sr. Fernández porque _____.

　　A. la empresa de Maribel lo exige

　　B. el Sr. Fernández lo pidió

　　C. es un proceso obligatorio que exige la plataforma

4) ¿Qué le pide Maribel al cliente que haga después de recibir sus productos?

　　A. Que le pague.

　　B. Que le haga una valoración positiva.

　　C. Que le vuelva a comprar.

5) En el segundo ejemplo las guías de aluminio han llegado _____.

　　A. con problemas　　　　B. bien　　　　　　C. menos

6) Cuando la Sra. García solicitó la devolución del dinero, el personal de atención al cliente, Maribel ¿qué hizo?

　　A. Le prometió devolverle el dinero en tres días.

　　B. Le convenció en reemplazar la pieza.

　　C. Le convenció volver a comprar un juego.

7) ¿En el segundo diálogo qué va a suceder al final?

　　A. La señora García insiste en el reembolso, los fondos llegarán a su cuenta en 5 días.

　　B. Maribel le convence reemplazar la pieza ya que las ruedas no funcionan sin guías.

　　C. Maribel procesará el reembolso de inmediato.

4. Lee el diálogo y completa los espacios en blanco con las palabras correctas. 请阅读对话并用恰当的词语填空。

Sra. García (cliente)：Buenos días. Hoy he recibido los __1)__ de Aguabella. Todos han llegado bien menos la crema nocturna (晚霜). Ya que la caja llegó rota. Solicito que me __2)__ el dinero de la crema nocturna.

Maribel (servicio al cliente)：Lamento oírlo. Realmente nos importa que nuestros clientes __3)__ los productos correctos, por lo que __4)__ su solicitud de __5)__ de inmediato.

Sra. García: ¿Cuándo puedo recibirlo?

Maribel: Más o menos en 5 días. Pero la crema nocturna es fundamental en este juego. Si vuelve a comprarla, le damos un ___6)___ de 3 euros. Esta vez reforzaremos el embalaje.

Sra. García: Me parece buena idea.

| devuelvan | cosméticos | obtengan | descuento | procesaremos | reembolso |

5. Ordena el siguiente diálogo de atención al cliente. 请给下列客服对话排序。

_____ Antonio: Buenas tardes, centro de soporte técnico, le atiende Antonio ¿En qué puedo ayudarle?

_____ Cliente: Sí, correcto.

_____ Antonio: Usted ha ajustado todos los cables, ha comprobado que no estén sueltos o flojos ni demasiado estirados.

_____ Cliente: Entiendo, ¿entonces qué debo hacer?

_____ Antonio: Usted debería cambiar el cable que va del ordenador a su pantalla por el de repuesto que venía en la caja del producto. Si el problema no se soluciona, por favor vuelva a contactar con nosotros.

_____ Cliente: A partir del tercer día después que recibirla.

__7)___ Antonio: Espere un momento por favor mientras procesamos sus datos. Sr. Hueso, el sistema indica que su pantalla es modelo B16, de 16 pulgadas ¿Es correcto?

_____ Cliente: Buenas tardes, mi nombre es Javier Hueso, tengo un problema con la pantalla que compré en su tienda online.

_____ Antonio: Sr. Hueso, ¿me podría dar más detalles de su problema?

_____ Cliente: Es que en la pantalla se ven cuadritos y colores distorsionados.

_____ Antonio: ¿Desde hace cuándo empezó este problema?

_____ Cliente: Un momento por favor, veo que están muy estirados. ¿Es un error?

_____ Antonio: Si están muy estirados o forzados, puede que los cables hagan una mala conexión y no transmitan la información correctamente del PC a la pantalla.

__14)__ Cliente: De acuerdo. Muchas gracias.

6. Imagina que eres parte del personal de postventa, ahora hay un consumidor que pide reembolso, escribe un diálogo. 假设你是电商售后客服人员，现有客户要求退款，请写一篇对话。

Frases usuales 常用表达

Cómo hacer seguimiento de cliente. 如何进行客户追踪服务。

¡Buenos días, Sra. García! Está hablando con Ana de Aguabella, quería hacerle saber que aún estamos trabajando para resolver su situación. ¡Le avisaré tan pronto como se solucione!

早上好,加西亚女士!现在接待您的是"美丽之水"的安娜,您的问题目前仍在处理当中,一旦解决我会立即通知您!

Cómo gestionar a un cliente que solicita un reembolso. 如何接待要求退款的客户。

Siento escuchar que no encontró un uso para nuestro producto. Realmente nos importa que nuestros clientes reciban el producto correcto, por lo que procesaremos su solicitud de reembolso de inmediato. Sin embargo, puede tomarnos hasta 7 días procesar una solicitud de reembolso.

很遗憾得知您用不上我们的产品,事实上我们非常重视客户能收到合适的产品,为此我们将立即着手处理您的退款申请,但是退款流程最多可能需要七天才能完成。

7. Lee las siguientes frases y tradúcelas. 阅读下列句子并翻译。

1) ¡Buenos tardes, Sr. Gómez! Le escribo en nombre de Diseño Arte para informarle que su problema ha sido resuelto. Háganos saber si hay algo más que podamos hacer por usted.

2) El paquete de sus artículos ya está en camino. Puede consultar el número de seguimiento en el estado del pedido en la plataforma.

3) — En mi pantalla se ven cuadritos y colores distorsionados, ¿A qué se debe?
   — Si los cables están demasiado flojos o estirados, puede que no hagan buena conexión y no transmitan la información correctamente del PC a la pantalla.

Ampliación 拓展延伸

8. Lee y reflexiona. 阅读并思考。

"Tus clientes más enojados son tu mayor y mejor fuente de aprendizaje", Bill Gates.

"Siempre dale al cliente más de lo que espera", Nelson Boswell.

"Tus clientes no esperan que seas perfecto. Lo que si esperan es que les resuelvas un problema cuando algo sale mal", Donald Porter.

"Regla 1: El cliente siempre tiene la razón. Regla 2: Si el cliente se equivoca alguna vez, relea la regla 1." Stew Leonard.

"En el mundo del servicio al cliente en internet, es importante recordar que tu competidor está a solo un clic del ratón." Doug Warner.

1) ¿Qué significan estas frases?

2) ¿Cuál quieres aplicar?

Unidad 7
第七章

Logística y Gestiones Aduaneras de Comercio Electrónico Transfronterizo
跨境电商物流与报关报检

Lección 1　Formas de Logística Transfronteriza（Ⅰ）　跨境电商物流方式（一）

Lección 2　Formas de Logística Transfronteriza（Ⅱ）　跨境电商物流方式（二）

Lección 3　Gestiones y Trámites Aduaneros　报关报检

Lección 1　Formas de Logística Transfronteriza (I)
跨境电商物流方式（一）

 Objetivos　学习目标

— Aprender tipos de servicios de logística transfronteriza, como enviar desde el origen (paquete de correos o por courier)
学习跨境电商的几种物流形式，如原产地直邮（邮政包裹或国际快递）
— Poder seleccionar la logística adecuada según las propias necesidades
能够根据公司自身情况选择合适的物流方式

Introducción　情景导入

跨境电商物流方式主要分为：原产地直邮（邮政包裹或国际快递），当地发货（海外仓、保税仓等）。

邮政网络基本覆盖全球，比其他任何物流渠道都要广。这主要受益于万国邮政联盟。EMS 是邮政系统的国际快递，多为国有，在各国邮政、海关、航空等部门享有优先处理权。提供邮件跟踪查询，代客报关等综合服务。

国际快递巨头 FEDEX, UPS, TNT, DHL 等在全球都拥有相当完善的物流网络和运营机制，有自己的专机专线，清关服务非常高效，当然价格也十分昂贵。

Las formas de logística transfronteriza se clasifican en varios tipos, como enviar desde el país de origen un paquete de Correos o por Courier; enviar desde el país de destino aprovechando el almacén local o en zona franca.

La red de servicios de correos abarca todo el globo y llega a todos los rincones del planeta, lo cual se debe a la Unión Postal Universal. EMS es un servicio de courier de correos, que generalmente es estatal y disfruta de cierta preferencia en el sistema postal, aduanas y el sector aéreo. EMS ofrece un servicio integral como el seguimiento de los envíos, gestiones y declaraciones aduaneras, etc.

Las empresas grandes de courier internacional como FEDEX, UPS, TNT, DHL tienen sus redes y servicios de gestión completa de transporte en todo el mundo y poseen sus propias flotas de aviones. Sus servicios de gestiones aduaneras son muy eficientes pero muy caros.

Curiosidades 任务驱动

1. Observa de qué empresas son las siguientes imágenes de marcas. 观察下列商标，请说出它们属于哪些公司。

2. Escribe el significado de las palabras en chino. 请用中文注释下列词语。

1) estatal _____ 2) privado _____
3) país de origen _____ 4) correos _____
5) Unión Postal Universal (UPU) _____ 6) sistema postal _____
7) courier _____ 8) flota _____
9) código de barras _____ 10) código QR _____

Aprendemos 学习内容

Formas de logística del comercio electrónico transfronterizo

En el comercio electrónico transfronterizo, la necesidad del cliente de recibir su pedido lo más rápido posible requiere un servicio más moderno de logística. Entonces, ¿cuáles son las formas más adecuadas? Si enviamos desde el país de origen, podemos elegir las siguientes formas.

Por correos

Gracias a la Unión Postal Universal (UPU), el sistema postal ofrece servicios postales de calidad, eficaces, económicos y accesibles para todo el mundo y la red de correos abarca todo el mundo. Muchas ventas online de China se realizan a través del sistema postal. Un paquete normal de China a Europa puede tardar 3 o 4 semanas, por lo que el sistema postal también ofrece un servicio rápido que se llama EMS. Un envío de China a Europa por EMS puede tardar de 10 a 15 días en llegar.

Mensajería (Courier Internacional)

La palabra "courier" viene del latín "currere" y del francés "courier", que significa "corredor", es decir "alta velocidad". La industria se caracteriza por una gran eficacia donde los paquetes están en constante movimiento.

Las grandes compañías de transporte de courier como UPS, FEDEX, TNT y DHL tienen su red completa de transporte en todo el mundo. Estas compañías poseen sus propias flotas de aviones y vehículos de transporte, que transportan mercancía entre numerosos centros de distribución. Estos centros se caracterizan por su alto nivel de automatización y los paquetes se rastrean solo con escanear los códigos de barras o código QR. Normalmente los envíos de China a Europa tardan entre 3 y 7 días.

Vocabulario 词汇

estatal	adj.	国有的	escanear	tr.	扫描
privado, da	adj.	私营的	códigos de barras		条形码
país de origen		原产国	código QR		二维码
correo	m.	邮局	recogida a domicilio		上门取件
Unión Postal Universal (UPU)		万国邮政联盟	sistema postal		邮政系统
tarifa plana		统一费率，统一价格	mensajería	f.	快递
involucrar	tr.	掺合	courier internacional		国际快递
embalar	tr.	包装	flota	f.	舰队，机群
empaquetar	tr.	打包	caracterizarse (por)	prnl.	以……为特点
envasar	tr.	装箱	rastrear	tr.	跟踪，追踪

Ejercicios 练习

3. Elige la opción más correcta según el texto. 根据课文选择合适的选项。

1) Normalmente los clientes que han comprado online quieren _____.

   A. recibir su pedido cuanto antes

   B. tener un regalo siempre

   C. recibir alguna sorpresa

2) ¿Quién tiene la red de envíos más completa?

A. Correos.

B. Las empresas de Courier internacional.

C. Los transportistas.

3) ¿Qué medio de transporte es más caro si enviamos de China a España?

    A. Por correos.   B. Por courier.   C. Por barco.

4) La palabra "courier" viene de _____ y significa _____.

    A. latín　correr

    B. inglés　envíar

    C. latín　alta velocidad

5) ¿Cuál de las siguientes afirmaciones son correctas?

    A. TNT，UPS contratan servicios de avión para enviar los paquetes.

    B. DHL，FEDEX，TNT y UPS tienen sus propios aviones para enviar los paquetes.

    C. EMS también es una compañía de mensajería.

6) ¿Qué significa "los paquetes se rastrean solo con escanear los códigos de barras y QR"?

    A. Los paquetes se mueven solo con escanear los códigos de barras y códigos QR.

    B. Se siguen la pista de los paquetes solo con escanear los códigos de barras.

    C. Solo con escanear los códigos los paquetes ya llegan a casa de los clientes.

4. ¿Cuáles de las siguientes afirmaciones son verdaderas? 下列哪些说法是正确的?

1) El sistema postal de cada país en general es estatal.

2) Normalmente a los compradores no les importa el tiempo que se tarda para recibir sus compras online.

3) El sistema postal de cada país en general es privado.

4) Correos，EMS，UPS y TNT son empresas de courier.

5) Enviar por correos es más económico que enviar por courier.

6) FEDEX，UPS，TNT y DHL son compañías de Courier.

7) Los paquetes enviados al extranjero no tienen que pasar por las aduanas.

8) Los paquetes enviados por Courier también pasan por las aduanas y pagan impuestos.

9) Enviar un paquete desde China a España por EMS es de igual rapidez como por TNT o DHL.

10) Los centros de distribución de las compañías son bastante automatizados.

5. Lee el texto y rellena los espacios en blanco con las palabras correctas. 请阅读短文并用恰当的词语填空。

Tienda online de Correos de España

Sabemos que estás buscando un buen servicio para tu negocio del comercio electrónico　1)_____

En la Tienda Online de __2)__ encontrarás todo lo que tu negocio necesita para realizar los envíos: embalaje, cajas de cartón, sobres, bolsas y sellos, con la __3)__ de Correos. Además, no ponemos ningún límite de __4)__ mínimo, también ofrecemos el servicio de recogida a domicilio.

Nuestro servicio de Atención al Cliente está __5)__ de lunes a domingo de 8: 00 a 21: 00.

Vas a __6)__ mucho tiempo en tus envíos con nuestros servicios de oficinas online. Para más información sobre nuestros servicios, no __7)__ en visitar nuestra tienda online.

| ahorrar | Correos | tamaño | garantía |
| disponible | dudes | transfronterizo | |

6. Lee las descripciones y luego busca el título correspondiente. 请阅读以下描述，找出其对应的策略。

1) La logística para e-commerce transfronterizo deberá contar con un servicio flexible, que funcione correctamente. Para satisfacer las nuevas demandas del mercado se hace imprescindible tener una buena red de distribución y de puntos de conveniencia en caso de que los consumidores no estén en el domicilio en el momento de la entrega y para facilitarles la recogida de sus compras online.
2) Los clientes se sientan ansiosos por la adquisición de sus productos comprados online. Hay que disponer de un sistema que permita integrarse e intercambiar información en tiempo real, que le notifique al consumidor los cambios de estado de su paquete. La trazabilidad de los envíos se debe hacer de forma automática para que los compradores estén bien informados.
3) Es importante integrar la información referente a los pedidos, devoluciones, entregas en la plataforma y facilitar el seguimiento de etapas, sobre todo la situación de la entrega: fecha indicada, fecha real, satisfacción del cliente y otros medios para conocer el éxito o los fallos, en las entregas. También es posible analizar al repartidor, el tiempo invertido, el lugar recorrido y otros datos que facilitan mejorar el servicio.
4) Para evitar que el comprador abandone la compra en el último paso debido a los gastos de envío, debemos tener una estrategia preparada, un equilibrio entre el coste de los productos y del envío, para que siempre resulte rentable y atractivo al comprador. Para ello, podremos optar por un modelo de envío libre, que es establecer una tarifa plana ante todo tipo de paquetes o cobrar en función del peso y volumen del producto. Con esta estrategia, los clientes mantendrán su confianza, al no apreciar precios inflados.
5) Cuando un comprador ve que los artículos le llegan en perfecto estado, queda satisfecho. De lo contrario podría resultar en un impacto negativo. En este sentido, se hace fundamental incluir un proceso de auditoría y seguimiento de los productos mediante programas automatizados, que nos permitirán saber en cada momento dónde están y cómo están para evitar posibles problemas o retrasos en las entregas.

（续表）

6) Se trata de los procesos que involucran la preparación y la gestión de los productos en almacén, para luego embalarlos, empaquetarlos o envasarlos. Actualmente, con los avances tecnológicos, los procedimientos de Logística relacionados con la gestión del stock y el almacenamiento pueden realizarse de forma automatizada e integrada.
7) Según un estudio de venta online, más de la mitad de los compradores afirma que compran en un comercio electrónico porque reciben sus productos a domicilio, mientras que el 53% lo hace para ahorrar tiempo. Debido a esto, las entregas de última milla deben contar con las tecnologías adecuadas para ofrecer al consumidor la mejor experiencia de compra.

A. Entrega en la última milla

B. Control del proceso logístico

C. Trazabilidad completa y automática

D. Gestión del coste de envío

E. Servicio rápido y flexible

F. Almacenamiento en la logística

G. Seguimiento de las entregas

Frases usuales   常用表达

Hablar de las formas de logística y sus servicios. 谈论电商物流方式及其服务。

Hacer previsiones

Atención personalizada

Analizar los resultados

Contestar en el mismo canal

Proporcionar respuestas rápidas

Mejorar la experiencia del cliente

Atender a las reclamaciones

Monitorizar las redes sociales

Todos los actores de la cadena de suministro

Ejemplo：例句：

1) El continuo crecimiento y demanda de productos de comercio transfronterizo online requiere otorgar un servicio de logística rápido, moderno y eficiente.
跨境电商产品的持续发展和需求要求提供快速、现代和高效的物流服务。

2) La planificación de rutas, el seguimiento de las entregas en tiempo real, los horarios de entrega, entre otros, la última milla es crucial.
线路规划，实时跟踪交付，送货时间进程等，以及最后一英里都至关重要。

7. Lee las siguientes frases y tradúcelas. 阅读下列句子并翻译。

1) Hace unos años, las aduanas no estaban preparadas para el auge del comercio electrónico transfronterizo.

   几年前，面对跨境电商的繁荣，海关尚未做好充分的准备。

2) Si enviamos desde el país de origen, podemos elegir los servicios de correos.

   如果我们从原产国发货，我们可以选择邮局的服务。

3) Las empresas de courier no ponen un límite del tamaño mínimo como lo hacen los transportistas.

   与运输公司不同，快递公司不限制最小运送体积。

4) Si necesitas enviar tu mercancía al extranjero de forma rápida, elegir un servicio de courier internacional es una buena opción.

   如果你需要将你的货物快速发往国外，国际快递是不错的选择。

5) Para ello, podremos optar por un modelo de envío libre, que es establecer una tarifa plana ante todo tipo de paquetes o cobrar en función del peso y volumen del producto.

   为此，我们可以选择自由寄送模式，即针对所有类型的包裹设定统一费率或根据产品的重量和体积收费。

Ampliación 拓展延伸

8. Lee, reflexiona y rellena el espacio en blanco. 阅读思考并填空。

1) | 万国邮政联盟

　　万国邮政联盟是联合国下设的一个关于国际邮政事务的专门机构，通过一些公约法规来协调国际邮政业务，发展邮政方面的国际合作。各国邮政多为国有，享受政府补贴，因此价格优惠。

　　万国邮政联盟由于会员众多，而且会员国之间的邮政系统发展很不平衡，因此，深度邮政合作有些困难。2002 年，邮政系统相对发达的 6 个国家和地区（中、美、日、澳、韩以及中国香港）的邮政部门在美国召开了邮政 CEO 峰会，并成立了卡哈拉邮政组织 (KPG)，后来西班牙和英国也加入了该组织。卡哈拉组织要求所有成员的投递时限达到 98% 的质量标准。如不能按指定日期投递，那么运营商要按货物价格的 100% 赔付客户。这些严格的要求提升了邮政服务水平。由于邮政一般为国营，有国家税收补贴，因此价格也比较经济实惠。

2) | ¿Cómo escoger una compañía de courier?

Las compañías de transporte de courier tienen un control fuerte de su red de transporte. Estas compañías poseen sus propios aviones y vehículos de carretera, que transportan mercancía entre numerosos centros de distribución. En los centros de distribución predomina un alto nivel de automatización.

A pesar de que algunas compañías son globales, no son la mejor opción para todas las necesidades. Hay casos en los que couriers locales, nacionales o regionales ofrecen mejor servicio y más barato que los internacionales. Por ejemplo, las compañías de Courier como FedEx, UPS y DHL son fuertes en Asia o Estados Unidos. TNT o GLS cuentan con una red europea fuerte. Finalmente, para envíos entre ciudades, es mejor encontrar un courier local.

(Parte adptada de: https: //jdbasia.es/transporte-distribucion-productos-china-asia /)

1) Las empresas de Courier tienen sus _____ y _____ para transportar mercancía.

2) En los centros de distribución predomina _____.

3) Según el texto _____, _____ y _____ son fuertes en Asia y Estados Unidos.

Lección 2　Formas de Logística Transfronteriza (II)
跨境电商物流方式（二）

 Objetivos　学习目标

— Aprender tipos de servicios de logística transfronteriza, como enviar desde el país de destino (desde almacén en el extranjero, almacén en Zona Franca, etc.)
学习跨境电商的物流形式，如当地发货（海外仓、保税仓等）
— Poder seleccionar la forma logística adecuada de acuerdo con las propias necesidades
能够根据公司自身情况选择合适的物流方式

Introducción　情景导入

　　本课我们将继续学习跨境电商物流方式，比如：当地发货（海外仓、保税仓）或选择亚马逊平台的海外仓物流服务等。

　　海外仓大多由电商平台建立或独立站卖家开发。海外仓、保税仓等是跨境电商物流当地发货的有效方式，相对于邮政直发的跨境包裹时效长、破损率高，海外仓、保税仓可以直接本土发货，拥有时间优势，降低破损率。

　　亚马逊物流海外仓服务，或称FBA(fulfillment by Amazon)，是卖家把自己在亚马逊上销售的产品库存直接送到亚马逊当地市场的仓库中，客户下订单，再由亚马逊系统自动完成后续的发货和一系列退换货等服务。亚马逊对提供的服务进行收费。

　　En esta lección seguimos aprendiendo las formas de logística transfronteriza, tales como, enviar desde el país de destino: desde almacén en el extranjero o del almacén en zona franca, contratar el servicio de logística en el extranjero de Amazon, etc.

　　Los almacenes en el extranjero normalmente se crean por las plataformas o el mismo vendedor individual que, comparando con Correos, se envían desde el país de destino, esta opción es más ventajosa por ofrecer plazos de entrega más cortos y menos daños en el paquete.

　　Amazon también ofrece un servicio parecido que se llama FBA, en el que los vendedores envían sus productos al almacén de Amazon en el país de destino, tras recibir los pedidos de los clientes, el sistema de Amazon gestiona automáticamente toda la logística, cambios y devoluciones. Por supuesto Amazon cobra por este servicio.

Curiosidades 任务驱动

1. Escribe el significado de las palabras en chino. 请用中文注释下列词语。

1) política _____
2) país de origen _____
3) almacén _____
4) almacén en el extranjero _____
5) arancel _____
6) I.V.A. _____
7) transbordo _____
8) Central de vendedor _____
9) centro de distribución _____
10) país de destino _____

2. Piensa cuál es la forma de logística adecuada para tu negocio de comercio electrónico transfronterizo y escribe el plan. 请考虑哪种物流方式适合你的跨境电商贸易，并写出你的计划。

Aprendemos 学习内容

Almacén en el extranjero y Almacén en zona franca

Almacén en el extranjero

El envío del país de origen tarda varios días normalmente, aun peor en temporada alta y además el embalaje se daña fácilmente. El almacén en el extranjero soluciona este tipo de problemas, ya que suele estar en el país de destino o cerca. Debido a la reducción de transbordos, enviar desde el almacén en el país de destino es más rápido, eficiente y reduce el porcentaje de paquetes rotos. De esta manera mejora mucho la experiencia de compra y trae más posibles compras.

Servicio de logística de plataformas

Tomamos el ejemplo de Amazon. Hace más de diez años, Amazon empezó el servicio de "Cumplimiento por Amazon" ("Fulfillment by Amazon") que abrió su plataforma a los vendedores que tienen cuenta profesional. Estos vendedores primero listan los productos en el sistema de la Central de vendedor (Seller Central), después envían sus productos a los centros de distribución (Fulfillmente by Amazon, FBA). Con la ventaja de almacenar los productos, Amazon prepara los paquetes, los envía a los compradores, también maneja todos los reembolsos, devoluciones y proporciona un excelente soporte al consumidor. Amazon cobra por este servicio. Los vendedores que contratan este programa de Amazon FBA tiene la oportunidad de mejorar su posicionamiento y más posibilidades de entrar en la caja de compra (Buy Box).

Almacén en zona franca

Una zona franca es un territorio aduanero comunitario, en el que se puede introducir todo tipo de mercancías, cualquiera que sea la cantidad, tamaño, origen, procedencia, y sin limitaciones de las prohibiciones o restricciones.

Las mercancías podrán permanecer en el almacén en zona franca por el tiempo que necesite hasta que el operador reciba el pedido y quiera enviarlas al comprador. Al enviar las mercancías al cliente es cuando el operador realiza el despacho de aduanas de manera parcial según el pedido, pagando los aranceles e I.V.A. dependiendo de la política de cada país.

Vocabulario 词汇

almacén en el extranjero		海外仓	despacho de aduanas	清关
transbordo	m.	转港，换乘，换车	arancel	m.	关税
Cumplimiento por Amazon (Fulfillment by Amazon)		亚马逊 FBA 物流服务	I.V.A. (Impuesto al valor agregado)	增值税
Central de vendedor		卖家中心	medición	f.	测量，计量
soporte al cliente		客户支持	toma de decisiones	做决定
Caja de compra (Buy box)		（黄金）购物车	cadena de suministro	供应链

Ejercicios 练习

3. Elige la opción más correcta según el contenido de los textos. 根据课文内容选择正确答案。

1) ¿Qué desventaja tiene enviar un paquete desde el origen?

    A. Los paquetes llegan rápido y en buen estado.

    B. Es muy barato en general.

    C. El envío tarda muchos días en general.

2) ¿Dónde suele estar el almacén en el extranjero?

    A. En el país de origen.

    B. En el país de destino.

    C. En todo en mundo.

3) Para disfrutar del servicio FBA de Amazon, ¿qué hay que hacer primero?

  A. Los vendedores envían sus productos a los centros de distribución de Amazon.

  B. Amazon recoge los productos en los almacenes de los vendedores.

  C. Los vendedores tienen que vender mucho.

4) ¿Cuál de las siguientes afirmaciones no es correcta en cuanto al servicio de logística FBA?

  A. El vendedor prepara los paquetes y Amazon los envía a los compradores.

  B. Amazon gestiona los reembolsos y devoluciones.

  C. Amazon cobra por todo este servicio de logística.

5) Según el texto, ¿cuál de las siguientes afirmaciones es correcta?

  A. La zona franca exige un tamaño mínimo a la mercancía.

  B. Hay muchas restricciones para entrar en el almacén en la zona franca.

  C. Las mercancías pueden permanecer en el almacén en la zona franca el tiempo que se quiera.

4. Marca si las siguientes afirmaciones son verdaderas o falsas según el contenido de los textos. 根据课文内容判断对错。

1) Un almacén normal es igual que un almacén en el extranjero.

2) Amazon ofrece servicio de logística a cualquier compañía.

3) Envío desde el almacén en el extranjero es igual que enviar con un Courier.

4) Los envíos de paquetes por Correos suelen tardar más que enviar desde un almacén local en el extranjero.

5) Amazon cobra dinero por su servicio de logística.

6) Aunque el vendedor contrata el servicio de FBA, se encarga él mismo de las devoluciones y reembolsos.

7) Los vendedores que venden online suelen contratar a operadores ajenos para realizar los trámites aduaneros.

8) Al entrar en el almacén en zona franca el vendedor ya debe empezar a despachar la mercancía.

5. Lee el texto y rellena con la palabra correcta los espacios en blanco. 请阅读短文并选择恰当的词语填空。

Tierra Rápida es una empresa innovadora del comercio electrónico transfronterizo. Tiene su propia plataforma, la más grande del mundo. Al vender en Tierra Rápida tendrás 1) a millones de usuarios a nivel internacional.

Tierra Rápida ofrece un servicio de logística para los vendedores que tienen una cuenta en la __2)__ de vendedores. Para disfrutar de este servicio, el vendedor solo necesita __3)__ los siguientes pasos:

Primero, crea una cuenta como vendedor profesional, después __4)__ los productos en la plataforma de la Central de vendedores, prepara los productos, luego envía los productos a Tierra Rápida, quien __5)__ los paquetes y los envía a los compradores, a la vez Tierra Rápida ofrece __6)__ al cliente sobre los productos que vende.

Aparte de esto, Tierra Rápida también __7)__ la opción de almacén en zona franca para tener una logística más eficiente. En este caso, las mercancías __8)__ terceros países, despachándolas de aduanas de manera total o parcial, sin pagar aranceles, ni I.V.A., hasta que sus productos hayan sido __9)__.

Para más información sobre nuestros servicios, no __10)__ ponerse en contacto con nosotros. Tierra Rápida, su operador logístico internacional de confianza.

| Central | acceso | distribuidos | soporte | dude en |
| procedentes | delista | seguir | prepara | cuenta con |

6. Lee las siguientes descripciones y luego busca el título correspondiente. 请阅读以下描述，找出其对应的标题。

Título	Descripción
	1) La legislación nacional debería ajustarse, como complemento de convenciones y acuerdos internacionales, a fin de facilitar el comercio electrónico transfronterizo, recaudar los ingresos correspondientes y proteger a la sociedad, al tiempo que se garantiza un elevado nivel de trabajo para todos.
	2) Se espera que el Gobierno y el sector privado trabajen de forma colaborativa en el uso de la tecnología de la información y análisis de perfiles de riesgo basados en datos electrónicos anticipados (pre-carga), para identificar e interceptar aquellos embarques peligrosos.
	3) Se deberán adoptar procedimientos de despacho simplificados, para hacer frente a los crecientes volúmenes de envío de pequeño y bajo valor.
	4) Deben establecerse mecanismos confiables para medir y analizar con precisión el comercio electrónico transfronterizo en estrecha cooperación con organizaciones internacionales y partes interesadas del sector privado para facilitar el análisis estadístico comercial que permita la adecuada toma de decisiones.

（续表）

Título	Descripción
	5) Todas las partes interesadas deberán trabajar de manera colaborativa para desarrollar soluciones comerciales que satisfagan las necesidades individuales y colectivas de todos los actores de la cadena de suministro.

A. Seguridad y protección

B. Medición y análisis

C. Marcos Legislativos

D. Facilitación y simplificación

E. Asociaciones o alianzas

Frases usuales　常用表达

Hablar de las formas de logística transfronteriza y sus servicios. 谈论跨境电商物流方式及其服务。

pasar por la aduana

inspector de aduanas

pagar los aranceles

retención de mercancías en la aduana.

requisar mercancías

incumplir los requisitos aduaneros

suministrar datos electrónicos por anticipado

cooperación entre organizaciones internacionales

elegir entre el sistema postal o un Courier para el envío

gestión de trámites burocráticos

mejorar la seguridad y minimizar riesgos en los envíos

Las organizaciones mundiales establecen directrices para la cooperación internacional.

Las aduanas no estaban preparadas para el auge del comercio electrónico transfronterizo.

Ejemplos: 例句：

1) Una zona franca es un territorio aduanero comunitario, en el que se puede introducir todo tipo de mercancías, cualquiera que sea la cantidad, tamaño, origen, procedencia, y sin limitaciones de las prohibiciones o restricciones que se establecen por razones de orden público, de protección de la sanidad etc.

保税区是海关公共区域，可以接收各类产品，无论数量、大小、产地、来源，也不会因为公共秩序和卫生等原因而被禁止或进行限制。

2) Todas las partes interesadas deberán trabajar de manera colaborativa para desarrollar soluciones comerciales que satisfagan las necesidades individuales y colectivas de todos los actores de la cadena de suministro.

相关各方应通力合作，开发能满足供应链中所有参与的个体和集体需求的商务解决方案。

7. Lee las siguientes frases y tradúcelas. 阅读下列句子并翻译。

1) Debido a la reducción de transbordos, enviar desde el almacén en el país de destino es más rápido, eficiente y reduce el porcentaje de paquetes rotos.

2) Estas empresas logísticas aparte de almacenar los productos, diseñan y suministran embalajes personalizados para todos los envíos de tu *e-commerce*, controlan el stock, también gestionan los cambios y devoluciones.

3) Las mercancías podrán permanecer en dichos depósitos francos por tiempo ilimitado hasta que el operador quiera darles otro destino definitivo.

Ampliación 拓展延伸

8. Lee y reflexiona. 阅读并思考。

1) 　原产地直邮跨境包裹，可以降低库存风险，但是存在时效长、破损率高、旺季拥堵等诸多弊端，而海外仓却能成功避开这些问题。海外仓直接从本土发货，转运流程少，快递破损、丢包率下降，时间可与本土电商匹敌，消费者购物体验大幅度提升。

　　海外仓的前半程如同传统国际贸易，通过海运、空运等物流方式发货，在目的港正常清关，再入海外仓，避免了邮政大小包和国际专线物流对运输物品的重量、体积、价值等的限制，扩大了运输品类和降低物流费用。当然，选择合适的海外仓非常关键。

　　保税仓一般设立在保税区里，货物先进入保税仓，支付仓储费，出货时再根据各国海关规定进行清关，然后发货给客户。

　　亚马逊平台于2007年引入了FBA，即亚马逊将自身平台开放给第三方卖家，将其库存纳入亚马逊全球的物流网络，并提供拣货、包装以及终端配送的服务。卖家把自己在亚马逊上销售的产品直接送到亚马逊当地市场的仓库中，客户下订单，由亚马逊系统自动完成后续的发货和一系列退换货等服务。亚马逊收取相应的服务费。

2) <center>Almacén en zona franca</center>

La zona franca son aquellas "partes" o "locales" del territorio aduanero comunitario, que se encuentran separados del resto, y en los que se puede introducir todo tipo de mercancías, cualquiera que sea la cantidad, naturaleza u origen.

Las mercancías podrán permanecer en dichos depósitos francos por tiempo ilimitado hasta que el operador económico quiera darles otro destino definitivo, no estando sometidas durante su estancia a los derechos de importación, a los gravámenes interiores o a las medidas de política comercial.

En EuroExpress, recepcionamos en nuestra área exenta, situada en la zona franca, sus mercancías procedentes de terceros países, despachándolas de aduanas de manera total o parcial, cuando a usted le interese, sin pagar aranceles, ni I.V.A., hasta que sus productos hayan sido distribuidos.

1) ¿Qué te parece el servicio de almacén en la zona franca?
2) ¿Cualquier tipo de mercancía puede entrar en este tipo de almacén?
3) ¿Cuándo pagan impuestos los que entran en el almacén en la zona franca?

Lección 3　Gestiones y Trámites Aduaneros
报关报检

Objetivos　学习目标

— Aprender los requerimientos de aduanas
　　学习海关的报关报检要求
— Conocer los procesos de gestión aduanera en el comercio electrónico transfronterizo
　　学习跨境电商中海关的流程
— Poder preparar los documentos necesarios para la tramitación aduanera
　　能够根据报关报检要求准备相应的文件

Introducción　情景导入

电商销量到了一定程度，需要配备更专业、快捷的物流服务，电商选择了海外仓服务和报关代理。专业的物流代理负责产品接收、检验、包装、派送和退换货服务。

Cuando las ventas del comercio electrónico transfronterizo llegan a cierto nivel, se requiere un servicio logístico más profesional y eficaz. Se puede contratar un servicio de almacén en el extranjero o un agente de aduanas que se encargue del recibo, revisión, embalaje, envío y devoluciones.

Curiosidades　任务驱动

1. Escribe el significado de las palabras en chino. 请用中文注释下列词语。

1) ingreso a puerto ＿＿＿＿＿＿　　2) verificación ＿＿＿＿＿＿＿＿＿＿＿
3) requisito ＿＿＿＿＿＿＿＿＿＿　　4) declaración ＿＿＿＿＿＿＿＿＿＿＿
5) despacho ＿＿＿＿＿＿＿＿＿＿　　6) conocimiento de embarque ＿＿＿＿
7) inspección ＿＿＿＿＿＿＿＿＿＿　　8) procedimiento ＿＿＿＿＿＿＿＿＿
9) revisión ＿＿＿＿＿＿＿＿＿＿＿　　10) certificado de origen ＿＿＿＿＿＿

2. **Observa el siguiente proceso simple de importación y coloca los correspondientes pasos aduaneros en la casilla correcta.** 请观察以下简易进口流程图并将相应的清关步骤放在正确的空格中。

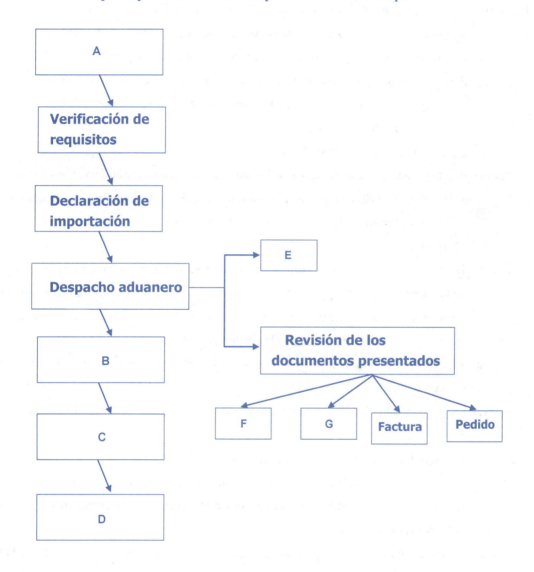

Flujo del procedimiento del despacho aduanero de importación

1) Permiso de despacho
2) Inspección de la mercancía
3) Salida de la mercancía
4) Ingreso a puerto
5) Certificado de origen
6) Conocimiento de embarque
7) Entrada en el almacén del importador

📓 **Aprendemos** 学习内容

Liu Wen trabaja en una empresa china de comercio electrónico transfronterizo. Su amigo, Javier trabaja en una empresa logística y también agencia aduanera, que se llama EuroExpress.

Liu Wen: Buenos días, nuestra tienda online está vendiendo cada vez más, vemos que en la temporada alta el envío por Correos nos da muchos problemas, además hay muchas restricciones, por lo que estamos buscando más canales de logística.

Javier: Pues mi empresa, EuroExpress te conviene mucho. Contamos con 4 almacenes en Europa y con el centro logístico de España en Madrid. Somos capaces de ofrecerte un servicio de logística completo.

Liu: ¿Qué tipo de servicio proporcionáis?

Javier: Podemos hacer por ti todas las tareas logísticas de tu comercio electrónico transfronterizo a precio competitivo, como almacenaje, custodia de mercancía, recepción, chequeo, embalaje, envíos, reembolso y devoluciones.

Liu: ¿Algo más?

Javier: También diseñamos y suministramos embalajes personalizados para todos los envíos de tu comercio electrónico. De esta forma te concentras en la venta de los productos de tu tienda virtual y te damos el soporte para la gestión de garantías, devoluciones, incidencias en el transporte o posibles reclamaciones.

Liu: Eh, eso suena muy bien. Supongo que los clientes pueden consultar el estado de envío en la plataforma ¿verdad?

Javier: Sí, sí, pueden ver la información actualizada del paquete en la plataforma durante el envío.

Liu: Los trámites aduaneros son un lío, ¿también los gestionáis?

Javier: Nuestra empresa también es agente de aduanas. Te ofrecemos la mayor fluidez en todo tipo de trámites aduaneros para tu comercio electrónico transfronterizo.

Liu: ¿Qué hacéis en concreto?

Javier: Dentro de nuestros servicios como agente de aduanas, destacan entre otros: despachos de aduanas de importación y de exportación de acuerdo con legislación aduanera, gestión de tránsitos internacionales, inspecciones aduaneras en destino, reclamaciones tributarias, como aranceles, I.V.A., etc.

Liu: Me parece un servicio muy completo. Espero que podamos colaborar cuanto antes.

Vocabulario 词汇

flujo	m.	流程	recepción	f.	接收
procedimiento	m.	程序	chequeo	m.	检验，检查
restricción	f.	限制	concentrarse (en)	prnl.	专注于
Certificado de origen		原产地证明	incidencia	f.	意外事件
Conocimiento de embarque		提单	despacho de aduanas		清关办理
centro logístico		物流中心	legislación aduanera		海关法规
a precio competitivo		有竞争力的价格	agente de aduanas		清关代理
custodia	f.	看管，守护	tributario, ria	adj.	赋税的，缴税的

Ejercicios 练习

3. Elige la opción más correcta según el texto. 请根据课文选择合适的选项。

1) En el texto, ¿quién tiene una tienda online?
   A. Liu Wen.　　　　B. Javier.　　　　C. Otros.

2) ¿Quién trabaja en EuroExpress?
   A. Liu Wen.　　　　B. Javier.　　　　C. Otros.

3) EuroExpres es una _____.
   A. plataforma　　　B. empresa logística　　　C. courier

4) ¿Qué servicio proporciona EuroExpress?
   A. Busca consumidores para vender más.
   B. Busca almacén a terceros.
   C. Almacena, custodia y chequea la mercancía.

5) ¿Qué servicios no proporciona EuroExpress?
   A. Diseña y suministra embalaje personalizado.
   B. Se dedica a la venta de los productos online.
   C. Gestiona devoluciones, incidencias y posibles reclamaciones.

6) EuroExpress aparte de ser una empresa logística también es _____.
   A. agente aduanero　　B. aduana　　C. oficina del puerto

7) ¿Qué hace EuroExpress en concreto para los trámites aduaneros?
   A. Despacho de aduanas.

B. Pagar impuestos y aranceles.

C. Elabora legislación aduanera.

8) ¿Cuál de los siguientes servicios no ofrece EuroExpress?

A. Gestiona reclamaciones tributarias.

B. Despacho de aduanas de importación y exportación.

C. Busca importadora y exportadora para hacer el comercio internacional.

4. Lee el texto y rellena con la palabra correcta los espacios en blanco. 请阅读短文并选择恰当的词语填空。

Li Tian：Hola Javier, necesitamos buscar un servicio profesional para nuestros pedidos en línea cada vez más numerosos. Es que hasta ahora solo enviamos con Correos o Courier. ¿Tu empresa nos puede ___1)___ en algo?

Javier：¡Suerte que me lo preguntas! Nuestra empresa logística también es ___2)___ de aduanas profesional.

Li Tian：Justamente es lo que buscamos. Explícame un poco lo que hacéis, por favor.

Javier：Lo que hacemos es ___3)___ tu comercio electrónico con los procedimientos logísticos, como el stock, el envío e informamos a tus clientes del estado de sus pedidos en tiempo real.

Li Tian：Vale, ¿y los ___4)___ aduaneros?

Javer：Pues, la mercancía al llegar al puerto, ___5)___ todos los documentos necesarios que piden en las Aduanas. Después nos encargamos de ___6)___ los impuestos tributarios necesarios y enviamos la mercancía a nuestro almacén.

> integrar   trámites   operador   declarar   apoyar   presentamos

5. Lee con atención y termina los ejercicios. 仔细阅读并完成练习。

5.1 Completa los espacios en blanco con las palabras ofrecidas abajo. 请用列出的单词填空。

ENVÍOS INTERNACIONALES

Plazo de entrega

El Culto Oriente es la empresa más potente de España con una red de distribución fuerte online. Para los envíos dentro de la Unión Europea, el plazo de entrega es de 4 días ___1)___, excluyendo sábados, domingos y festivos. En el resto de destinos, el plazo de entrega es de aproximadamente 10 días laborables. El plazo de entrega en domicilio dependerá del tiempo que tarden en abonarse los ___2)___ (salvo inspecciones aduaneras). Este plazo puede variar según el tipo de producto.

Los puntos a tener en cuenta antes de realizar el pedido

1) Algunos __3)__ por sus características pueden que no sean válidos en determinados países.

2) Cuando compras desde otro país actúas como importador del producto y las políticas aduaneras varían de un país a otro, te aconsejamos que te informes sobre las restricciones de importación y las políticas aduaneras que se aplican a determinados productos. El Culto Oriente no se hace responsable de su __4)__.

3) Antes de confirmar tu compra asegúrate que has puesto bien la dirección de entrega, si no, tendrás que asumir los costes del envío a la dirección correcta, es imprescindible el teléfono del destinatario.

   Recuerda que cada __5)__ tiene un plazo de recogida de la mercancía pasado el cual ésta queda en abandono.

Gastos de envío

Los gastos de envío incluyen el transporte, seguro y el despacho de aduanas en origen. Para __6)__ en países no pertenecientes a la Unión __7)__ no se incluyen los gastos aduaneros en destino ni otros impuestos (aranceles); será el destinatario quién los tendrá que abonar en efectivo para poder recibir la mercancía, tanto si se le entrega la mercancía como si no se hace cargo de ella.

El Culto Oriente no será responsable de las __8)__ en el despacho aduanero ni si las autoridades locales deciden __9)__ cualquier elemento contenido en un envío.

| confiscar | impuestos | artículos | aduana | devolución |
| entregas | Europea | demoras | laborables | |

5.2 ¿Cuáles de las siguientes afirmaciones son verdaderas? 下列哪些说法是正确的?

1) Cuando compras desde otro país actúas como exportador del producto.

2) El Culto Oriente ofrece servicio a domicilio.

3) El Culto Oriente se hace responsable de las demoras producidas en las aduanas.

4) Para países no pertenecientes a la Unión Europea el Culto Oriente no incluye los gastos aduaneros en destino.

5) Cada aduana tiene un plazo de recogida tras el cual el producto queda declarado en abandono.

6) No es necesario incluir el número de teléfono del destinatario en pedidos internacionales.

7) Las políticas aduaneras no cambian de un país a otro.

8) Antes de hacer el pedido es aconsejable informarse de las restricciones de importación.

9) Si te equivocas al poner la dirección de entrega, el Culto Oriente asume el coste de re-envío.

10) Para el Culto Oriente el plazo de entrega siempre es entre 4 y 10 días.

Frases usuales 常用表达

pagar los gastos de envío

consulta nuestras páginas

asumir la responsabilidad

el destinatario abonará

hacerse cargo de los gastos

te aconsejamos contactar con ...

no se incluyen / se incluyen

existen limitaciones de envío

el plazo de entrega es de 10 días

Ejemplos: 例句：

Cómo hablar del tema aduanero y logístico. 如何谈论海关与物流话题。

1) Qué tipo de servicio proporcionáis? 你们提供哪些物流服务？

2) Javier trabaja en una empresa logística y también agencia aduanera.
哈维尔在一家物流公司工作，该公司也是清关代理公司。

6. Lee las siguientes frases y tradúcelas. 阅读下列句子并翻译。

1) Hacemos por ti todas las tareas logísticas de tu comercio electrónico transfronterizo a precio competitivo, como almacenaje, custodia de mercancía, recepción, chequeo, embalaje, envíos, reembolso y devoluciones.

2) Para asegurar la trazabilidad de los envíos, nuestro departamento de Atención al Cliente realiza un seguimiento personalizado que permite optimizar los ratios de entrega, resolviendo posibles incidencias, mediante chat, email y llamadas telefónicas.

3) Dentro de nuestros servicios como agente de aduanas, destacan entro otros: despachos de aduanas de importación de exportación, legislación aduanera, tránsitos internacionales, inspecciones aduaneras en destino, reclamaciones tributarias, como aranceles, I.V.A.

Ampliación 拓展延伸

7. Lee y reflexiona. 阅读并思考。

Cómo realizar los trámites aduaneros

¿Cómo vamos a gestionar los trámites aduaneros necesarios cuando nuestra mercancía traspasa fronteras? Suele haber dos formas más frecuentes: hacerlo en nuestra empresa o contratar estos servicios.

Hoy en día, contratar a un operador logístico para que se encargue de los trámites aduaneros, además del transporte de la mercancía en sí, suele ser la elección más provechosa. Dejar en manos expertas todos estos trámites nos ahorrará tiempo, energía y dinero, ya que un operador con experiencia sabrá cómo sacar un buen resultado.

Hay que tener en cuenta que el proceso en aduanas varía mucho en función de los países de origen y destino, y de la mercancía a transportar, ya que aparte de la legislación internacional, la que se aplica en cada país puede variar mucho.
(Texto adaptado de https://www.bilogistik.com/blog/como-realizar-los-tramites-aduaneros/)

1) ¿Los trámites aduaneros son complicados o simples?

2) ¿Tu empresa haría los trámites aduaneros por vuestra cuenta o contrataría a un agente aduanero?

Anexo
附录

500 Expresiones de Términos de Comercio Electrónico Transfronterizo
跨境电商西班牙语常用表达 500 句

📁 **Objetivos**　学习目标

— Conocer los términos y expresiones de comercio electrónico transfronterizo
了解跨境电商术语与表达方式
— Utilizar los términos y expresiones usuales de comercio electrónico transfronterizo
能够灵活运用跨境电商术语与常用表达方式

📓 **Introducción**　引言

　　由于跨境电子商务属于商务类，因此跨境电商西班牙语术语不仅只局限于跨境电商单词层面，而且还涉及一些常用电商和商务用语、搭配、习惯用语和表达方式。此外，每个术语都配有例句和翻译，更加有助于掌握术语的应用，并进行实际的运用。

　　El comercio electrónico transfronterizo es parte del mundo de los negocios, por este motivo este capítulo no solo se dedica al vocabulario especializado de este sector, sino también a expresiones usuales o frases tanto del comercio electrónico como del ámbito de los negocios en general. Además, cada expresión dispone de un ejemplo y traducción que ayuda a dominar y aplicarla con flexibilidad en el día a día del sector de comercio electrónico e incluso en un ámbito mucho más amplio como el comercial.

500 Expresiones y Términos de Comercio Electrónico Transfronterizo

跨境电商西班牙语常用表达 500 句

... días desde la recepción de los pedidos	自收到订单……日	Se paga a 15 días desde la recepción de los pedidos. 收到订单后 15 日付款。
100% garantizados	100% 保障	Nuestras gafas de sol son un auténtico placer para viajar y realizar actividades deportivas bajo condiciones de sol deslumbrante y están 100% garantizadas. 我们的太阳镜非常适合在耀眼的阳光下旅行和进行户外运动，并且提供 100% 的质保。
a la espera de su respuesta	期盼回复	Quedo a la espera de su respuesta, les saludamos atentamente. 期盼您的回复，此致敬礼。

（续表）

a precio competitivo		有竞争力的价格	Te ofrecemos un servicio completo de logística a precio competitivo. 我们以有竞争力的价格为你提供整套的物流服务。
abarcar	tr.	包含	Los servicios de atención al cliente abarcan varios factores personalizados que ofrecemos a nuestros clientes. 我们提供给客户的服务包含多重个性化因素。
acceder a una página web		进入页面	Los visitantes pueden acceder a nuestra página web fácilmente. 访客可以很容易地进入我们的页面。
actualizar	tr.	更新	Hay que actualizar el software frecuentemente. 软件应该经常更新。
adjuntar un documento		附文件	Les adjuntamos el documento solicitado. 我们附上贵公司要求的文件。
agente aduanero		清关代理	Nuestra empresa trabaja con un agente aduanero profesional. 我们公司与一家非常专业的清关代理合作。
agradecemos que nos faciliten ...		感谢给我们提供……	Agradecemos que nos faciliten los precios actualizados. 请提供给我们更新的价格。
albarán	m.	签收单	Al recibir el paquete, Juan firmó el albarán de entrega. 收到包裹，胡安便在签收单上签了字。
alcanzar	tr.	达到	Si alcanzamos el objetivo de ventas este año, nuestro jefe nos darán un gran bonus. 如果今年我们达到销售目标，老板会给我们发一大笔奖金。
Alipay		支付宝	Muchas tiendas online aceptan pagar con Alipay. 许多网店都接受支付宝付款。
almacén en el extranjero		海外仓	Enviamos estos muebles desde nuestro almacén en el extranjero. 这些家具从我们的海外仓发货。
almacenaje	m.	仓储	Esta plataforma ofrecerá servicios de presentación del producto, promoción de marca, almacenaje, logística, atención al cliente, etc. 该平台将提供产品介绍、品牌促销、仓储、物流、客服等一系列服务。

（续表）

almacenamiento	m.	仓储	Para evitar incomodidades de almacenamiento, intentamos buscar productos de poco volumen. 为了避免仓储的不便，我们尽量找体积不大的产品。
Amazon		亚马逊	Amazon es una plataforma muy conocida. 亚马逊是一家知名平台。
ampliación de capital		资本扩张	Hemos realizado una ampliación de capital de nuestra sociedad. 我们公司实现了资本扩张。
ampliar un contrato		拓展合同	Es necesario ampliar el contrato para incluir más productos en la transacción. 在交易中添加新产品，需要拓展合同。
añadir a la lista de deseo		添加到愿望清单	Ahora añadiendo productos a la lista de deseo ya puedes empezar a preparar los regalos navideños. 现在添加到愿望清单，你就可以开始准备圣诞礼物了。
añadir al carrito / cesta		加入购物车	Al lado derecho de la página de los productos se encuentra el botón de "Añadir al carrito". 产品页右边有"加入购物车"的按键。
antivirus	m.	杀毒软件	Nuestra empresa está utilizando un antirivus muy potente. 我们公司使用的杀毒软件非常强大。
anuncio de trabajo		招聘广告	A mí me encantan los anuncios de trabajo. 我非常喜欢招聘广告。
arancel	m.	关税	Los productos de origen extranjero pagan aranceles. 源自国外的产品需要付关税。
archivar documentos		文件归档	Para ordenar bien la oficina, primero se tienen que archivar los documentos. 要整理办公室，首先需要将文件归档。
arriesgar	tr.	冒险，使冒险	No es aconsejable arriesgar en productos de alto coste y que tienen poco volumen de venta. 不建议冒险做成本高且出货量少的产品。
arriesgarse	prnl.	冒险	Hace dos años su empresa se arriesgó en invertir en el negocio online. Ahora les trae muchísimo beneficio. 两年前他的公司冒险投资了网络生意，现在给他们带来了巨大的利益。

（续表）

artículo	m.	产品	Hoy ya enviamos sus artículos por UPS. 我们今天用国际快递 UPS 发出了您的产品。
total de artículos en el pedido		订单总品项数	Hay un total de 10 artículos en el pedido. 订单总品项为 10 项。
atención al cliente		客户服务	Esta empresa ofrece una excelente atención al cliente. 这家公司提供优秀的客户服务。
atendido	adj.	被接待的	Un cliente satisfecho, bien atendido, seguramente volverá a comprar a la misma marca. 一位满意的、受优待的客户，定会再次购买同一品牌。
automatización		自动化	Disponemos de una alta automatización en la fábrica. 我们工厂的自动化水平非常高。
número promedio de ofertas (average offer count)		平均可售商品页面	El numero promedio de ofertas mensual es de 150. 月平均可售商品页面是 150。
ayudante	m.	助理	Nuestro director general tiene 2 ayudantes. 我们的总经理有两名助理。
B2C: de negocio a cliente (business to consumer)		企业对个人	Nuestro modelo de negocio online es B2C. 我们的网上业务是企业对个人。
bazar	m.	市场，百货商场	Esta plataforma es como un gran bazar online. 这家平台就像一个大的网上百货市场。
bienes de consumo		消费产品	Los bienes de consumo satisfacen las necesidades de los consumidores finales. 消费产品满足最终消费者的需求。
bloquearse	prnl.	页面卡住	Cuando una página web no responde y se bloquea, ¿qué debemos hacer? 当页面不响应并被阻止时，我们该怎么办？
bufete (de abogados)	m.	律师事务所	Ella trabaja en un bufete de abogados. 她在一家律师事务所工作。
buscado	adj.	被搜索的，被需求的	Disponer de productos muy buscados por consumidores puede traer mucho tráfico a la tienda online. 配有消费者需要的产品可以给网店带来大流量。
buscador	m.	搜索引擎	Google es un buscador de Internet. 谷歌是网络搜索引擎。

（续表）

buscar información		搜索信息	Usted puede buscar información sobre nuestra marca por Internet. 您可以在网上查询我们品牌的信息。
C2C: de cliente a cliente (consumer to consumer)		个人对个人	Taobao es una plataforma C2C. 淘宝是一家个人对个人的平台。
cadena	*f.*	连锁店）	Tenemos una cadena de tiendas físicas. 我们有实体连锁店。
caja de compra (Buy Box)		黄金购物车	Tener una "Caja de Compra (Buy Box)" es otra manera de incrementar las ventas. 拥有黄金购物车是另一种提升销量的方式。
canal	*m.*	渠道	Vender online es un canal eficiente. 网络销售是一种有效的渠道。
cantidad reclamada		赔偿金额	Si el envío llega con daños aparentes como la caja rota o deformada, ¿quién valora la cantidad reclamada? 如果货物到达时有明显的损坏，比如包装破损或变形，那么谁来评估赔偿金额？
caracterizarse (por)	*prnl.*	以……为特点	La industria de couriers se caracteriza por una gran eficacia. 快递业以高效率为特色。
carta de recomendación		推荐信	Esta plataforma pide una carta de recomendación para dar de alta una cuenta profesional. 这家平台需要推荐信才能提供一个专业账号。
catálogo	*m.*	产品目录	Le adjuntamos nuestro catálogo nuevo. 为您附上我们最新的产品目录。
categoría de productos		产品分类	¿Cómo crear categorías de productos? 如何创建产品分类？
categoría por defecto		默认品类	Al crear una nueva categoría, ponemos el cursor encima de ella y ya aparecen "Editar, Borrar, Ver, Predominar". Pinchamos en "Predominar" para hacer que esta nueva categoría pase a ser la predominada o por defecto. 创建新的品类之后，我们将光标置于其上，就会显示"编辑、删除、查看、主导"。点击"主导"，使新品类成为主导或默认品类。
Central de vendedor		卖家中心	Tienes que registrarte en la Central de vendedor. 你需要在卖家中心注册。

（续表）

centro logístico		物流中心	Nuestro centro logístico está en Madrid. 我们的物流中心在马德里。
cerrar sesión		登出	Para salir de la cuenta hay que cerrar sesión. 要退出账号需要登出。
cerrar una operación		完成操作	El secreto para que tu negocio online sea exitoso es saber cómo cerrar una operación efectivamente. 网店成功的秘诀是了解如何有效地完成操作。
cheque	m.	支票	Pocos clientes pagan con cheque. 很少有客户用支票付款。
chequeo	m.	检验，检查	Aparte de la recepción de mercancía, también hacemos el chequeo. 除了接收产品，我们也检查验收。
cinco estrellas		五星	Si te ha gustado nuestro producto, no dudes en darnos 5 estrellas. 如果你喜欢我们的产品，请给我们 5 星好评。
clasificación	f.	分类	La clasificación de productos es importante para empezar un comercio en línea. 要开展电子商务，产品分类很重要。
clasificación de ventas		销售排名	Usamos un nuevo sistema para confeccionar la clasificación de ventas. 我们使用新系统计算销售排名。
clasificar	tr.	分类	Para vender bien en línea primero hay que clasificar los productos. 希望网店畅销，首先要将产品分类。
cliente fijo		固定客户，老客户	Conseguir un cliente nuevo cuesta 5 veces más que mantener uno fijo. 获得一位新客户比维持老客户困难五倍。
cliente potencial		潜在的客户	Intentamos convertir al cliente potencial en comprador. 我们尽量将潜在的客户变成客户。
clientela	f.	客户（集合名词）	La clientela es el conjunto de todos los clientes. 客户（集合名词）是所有客户的总称。
cobrar	tr.	收取	La plataforma cobra una comisión a los vendedores por cada venta. 这家平台对于卖家的每笔销售都收取佣金。

（续表）

códigos de barras		条形码	Los paquetes se movilizan solo con escanear los códigos de barras. 仅仅扫描条形码包裹便会自行移动。
coleccionar	tr.	收集，收藏	Le gusta coleccionar monedas antiguas. 他喜欢收藏古币。
colgar una fotografía		上传图片	¿Cómo colgar una fotografía en la plataforma? 如何将图片上传到平台？
comercio electrónico transfronterizo		跨境电商	El comercio electrónico transfronterizo está en su época mas próspera. 跨境电子商务处于繁荣发展时期。
comercio electrónino		电子商务	El comercio electrónico también es conocido como e-commerce en inglés. 电子商务在英语中也被称为 e-commerce（电子商务）。
comercio internacional		国际贸易	El comercio internacional hace referencia al movimiento que tienen los bienes y servicios a través de los distintos países y sus mercados. 国际贸易指不同国家和市场之间产品和服务的流动。
comisión	f.	佣金	Los comerciales suelen trabajar con comisión. 销售员们的工作通常有佣金（提成）。
compartir la opinion con		分享意见	Puedes compartir tu opinión con otros clientes en nuestra página. 你可以在我们的网页上与其他客户分享你的意见。
complacerin	tr.	高兴	Nos complace conmunicarle que tenemos mucho en stock. 我们非常高兴地通知您我们有存货。
cómpralo ya		一口价	"Cómpralo ya" es una forma de venta en eBay. "一口价"是易贝平台的一种销售方式。
comprar	tr.	购买，采购	Me encargo de comprar en plataformas como Amazon y AliExpress. 我负责在亚马逊、速卖通平台上采购。
comprar a cantidades industriales		大宗采购	Somos una empresa multinacional y solemos comprar a cantidades industriales. 我们是一家跨国企业，我们通常进行大宗采购。

（续表）

compraventa		买卖，贸易	Mi empresa se dedica a la compraventa de los aparatos electrodomésticos. 我的公司从事家用电器的贸易。
concentrarse (en)	*prnl.*	专注于	Concéntrate en las tareas. 请你专心做自己的事情。
condiciones de pago		付款条件	Las condiciones de pago de este pedido son muy estrictas. 该订单的付款条件非常苛刻。
condiciones estipuladas		规定的条件	No cumplieron las condiciones estipuladas en el contrato. 他们未履行合同中规定的条件。
conectarse a Internet		联网	Al conectarte a Internet ya puedes encontrar varios buscadores de Internet. 一联网，你将会发现许多搜索引擎。
confidencial	*adj.*	机密的	El método de fabricación de nuestros productos es información confidencial de la empresa. 我们产品的生产方式是公司的机密。
conocimiento de embarque		提单	Envíennos el conocimiento de embarque cuanto antes. 请尽快寄给我们提单。
consistir in	*tr.*	在于	La importación consiste en el ingreso legal de mercancías provenientes de otro país. 进口指来自其他国家货物的合法入境。
cónsola	*f.*	游戏机	Hay jóvenes que no pueden vivir sin cónsola (de juegos de video). 有年轻人离开游戏机就不能生活。
consultar en una página web		浏览页面	Al consultar en nuestra página web, ya encontrarás los nuevos diseños. 当你浏览我们的网页时，你会看到最新的设计。
consumidor final		最终消费者	El consumidor final paga los impuestos de consumo. 最终消费者支付消费税。
consumo	*m.*	消费	Los cosméticos son productos de consumo. 化妆品是消费品。
contabilidad		会计	¿Quién lleva la contabilidad en tu empresa? 你们公司的财务谁负责？
contar con		指望，具有	Contamos con 8 almacenes en Europa. 我们在欧洲有 8 家仓库。

（续表）

contestar al teléfono		接电话	Cómo contestar al teléfono a un cliente es un arte. 如何接听客户的电话是一门艺术。
contra reembolso		货到付款	Nuestra tienda online acepta pago contra reembolso. 本网店接受货到付款。
coordinar	tr.	协调	Hay que coordinar todos los equipos de trabajo para terminar el proyecto con éxito. 必须协调所有工作团队才能成功完成项目。
correo	m.	邮局	La oficina central de Correos está en el centro de la ciudad. 邮政总局在市中心。
correo electrónico		电子邮件	Le enviaré la factura electrónica por correo electrónico. 我通过电子邮件将电子发票发送给您。
cosméticos	m.	化妆品	Muchas mujeres gastan mucho en los cosméticos. 许多女性在化妆品上开销很大。
coste	m.	成本	El coste de la producción es alto. 生产成本很高。
courier	m.	快递	Las empresas de couriers no ponen un límite del tamaño mínimo. 快递公司不限制最小发货体积。
cuanto antes		尽快	Les rogamos realizar el pago cuanto antes. 恳请贵方尽快付款。
cubrir las necesidades		满足需求	Este banco español ha ido ampliando su plataforma en este mercado para cubrir todas las necesidades de sus clientes. 这家西班牙银行持续拓展在这个市场的平台以满足客户的所有需求。
Cumplimiento por Amazon (Fulfillment by Amazon)		亚马逊FAB物流服务	Cumplimiento por Amazon es un servicio nuevo. 亚马逊物流服务是一项新服务。
cuota fija		固定费用	¿Por qué hay que pagar una cuota fija aunque no se haya producido consumo? 既然没有消费为什么还要支付固定费用？
cursar un pedido		下订单	Este viernes ya cursamos un pedido de 20.000 euros. 本周五我们会向贵公司下一笔两万欧元的订单。
custodia	f.	看管，守护	Este almacén se encarga de la custodia de mercancía. 这家仓库负责保管货物。

（续表）

revisiones / comentarios de clientes (customer reviews)		客户评价	Los comentarios recibidos de clientes son datos muy importantes para los vendedores. 收到的客户评价是对卖家非常重要的数据。
dañado, da	adj.	受损的	Les devolvemos los productos dañados y solicitamos su sustitución lo antes posible. 我们退还损坏的产品，请尽快补发。
dar de alta		开通	Tengo que pedir que den de alta mi tarjeta de Visa. 我必须要求尽快开通我的信用卡。
dato	m.	数据	Esta plataforma contiene un sistema centralizado para recopilar y analizar grandes conjuntos de datos. 这家平台具有集中的系统来收集和分析多系列的数据。
datos de terceros		第三方数据	Los datos de terceros provienen de otras fuentes. 第三方数据来源于其他数据与分析。 Usamos datos de terceros para completar los vacíos en los datos de la empresa. 我们使用第三方数据来填补公司的数据空缺。
datos propios		自有数据	Los datos propios son los provenientes de aplicaciones, sistemas, sitios web y productos propios de una organización. 自身数据来源于该机构的应用、系统、网页和自己的产品。
dedicado a		致力于	Somos una empresa dedicada a la venta online. 我们是从事网上销售的公司。
definir	tr.	定义	Comercio Internacional se define como comercio entre diferentes paises. 国际贸易是不同国家之间的贸易。
demanda	f.	需求	Como la demanda de productos extranjeros es tan grande, se requiere un suministro continuo. 因为国外产品需求巨大，需要持续供货。
denominarse	prnl.	命名	Esta fruta se denomina aguacate. 这种水果叫牛油果。
departamento	m.	部门	En mi empresa hay ocho departamentos. 在我公司有八个部门。
Departamento de Administración		行政部	Ana trabaja en el Departamento de Administración. 安娜在行政部工作。

（续表）

Departamento de Contabilidad		会计部	El Departamento de Contabilidad se encarga de las cuentas. 财务部负责账目。
Departamento de Investigación y Desarrollo		研发部	El Departamento de Investigación y Desarrollo se encarga de investigar nuevos materiales para sacar nuevos productos. 研发部负责研究新型材料开发新品。
Departamento de Recursos Humanos		人力资源部	El Departamento de Recursos Humanos se encarga de la selección y formación personal. 人力资源部负责人员的筛选和培训。
descargar un archivo		下载文件	Este archivo se descarga muy lento en mi ordenador. 这份文件在我的电脑上下载得非常慢。
descripción del producto		产品描述	La descripción del producto, cuanto más detallada es, mejor. 产品描述越详细越好。
descuento	m.	折扣	Han olvidado tener en cuenta el descuento de 5%. 他们忘记考虑5%的折扣了。 Esta página web tiene ofertas de descuento muy agresivas. 这家网页的折扣力度非常大。
desempeñar un papel		承担角色	El comercio electrónico desempeña un papel cada vez más importante en el mundo. 电子商务在当今世界扮演着越来越重要的角色。
desempeñar una función administrativa		起行政作用	Ella desempeña una función administrativa en nuestra empresa. 她在我们公司做行政。
despachar	tr.	清关	La mercancía está pendiente de despachar en las aduanas. 货物尚待清关。
despacho de aduanas		清关办理	Nuestro agente se encarga del despacho de aduanas. 我们的代理负责海关清关。
desperdicio	m.	废物，残渣，浪费，挥霍	Esa boda fue un desperdicio de dinero. 那场婚礼完全是浪费钱财。
no tener desperdicio		完美无缺，样样有用	Este diseño no tiene desperdicio. 这个设计太完美了。

（续表）

detalles técnicos		技术详情	Necesitamos los detalles técnicos para montar estas máquinas. 我们需要技术详情来安装这些机器。
digitalización		数字化	Estamos en la era de la digitalización. 我们处在数字化时代。
dirección de Internet		网址	Para más información, puede consultar en la siguiente dirección de Internet. 预知更多详情，请访问以下网址。
dirección del cliente		客户地址	Para enviar la mercancía necesitamos la dirección del cliente. 我们需要客户的地址来发货。
director general		总经理	Juan es director general de una multinacional. 胡安是一家跨国公司的总经理。
director / a	*m. f.*	经理，主任	Ella es directora del Departamento de Finanzas. 她是财务部经理。
distinguido / a señor / a		尊敬的先生/女士	Distinguido señor, le invitamos a la apertura de nuestra tienda física. 尊敬的先生，我们诚邀您来参加我们实体店开业。
distribuir un producto		经销产品	Estamos interesados en distribuir en excluivo sus productos en toda China. 我们有兴趣在全中国独家经销您的产品。
distribuidor	*m.*	经销商，分销商	Este señor es nuestro distribuidor. 这位先生是我们的经销商。
dividirse	*prnl.*	分为	Durante la crisis económica, esta empresa se dividió en 4 partes. 经济危机期间，这家公司分成了四个部分。
divisa	*f.*	外汇	En este centro comercial solo podemos pagar en moneda nacional, no aceptan divisas. 在这家商场我们只能用该国货币，不能用外汇。
dominar una lengua		掌握一门语言	Necesitamos un asistente que domine español e inglés. 我们需要一名掌握西班牙语和英语的助理。
eBay		易贝	Tanto Amazon como eBay son plataformas de e-commerce. 亚马逊、易贝都是电商平台。
ejecutivo	*adj.* *m.*	执行的；执行官	Juan es el director ejecutivo de la empresa. 胡安是这家公司的执行经理。

（续表）

ejercer una función directiva		执行领导功能	¿Quién ejerce una función directiva aquí? 谁领导这里？
banco Santander		桑坦德银行	Para cualquier pregunta, acérquese a nuestras oficinas, en el banco Santander le damos la solución. 如有任何疑问，请来我们银行，我们为您提供解决方案。
coste de un producto		产品成本	El coste de un producto depende de muchos factores. 产品成本取决于许多因素。
empresa de mensajería		快递公司	Esta es una empresa de mensajería especializada en comercio electrónico internacional. 这是一家专门从事国际电子商务的快递公司。
empresa de transporte		运输公司	Esta es una empresa de transporte internacional de mercancía. 这是一家国际货运公司。
empresa estatal / pública		国有企业	Las empresas públicas disfrutan de muchas políticas favorables del gobierno. 国有企业享受政府的多重优惠政策。
empresa multinacional		跨国公司	Esta es una empresa multinacional. 这是一家跨国公司。
empresa privada		私营企业	Esta tienda online es de una empresa privada. 这家网店是私营企业。
empresarial	*adj.*	企业的	Somos una entidad pública empresarial sin ánimo de lucro. 我们是一家公立非营利企业机构。
en espera de su respuesta		期盼回复	Quedamos en espera de su pronta respuesta. 期盼您尽快回复。
en relación con		关于，鉴于	En relación con su cotización de los sueros, su oferta nos resulta un poco más alta. 关于贵公司精华液的报价，我们觉得有些偏高。
encargo		订单	¿Nuestro encargo está preparado para enviar? 我们的订单已准备好可以发货了吗？
entrar en una página web		进入页面	Al entrar en nuestra página web ya vas a ver los nuevos diseños de esta temporada. 你一进入我们的网页，就可以看到新一季的设计。
entregas residenciales		交付到户	Ofrecemos servicios de entregas residenciales. 我们提供交付到户的服务。

（续表）

enviar un correo electrónico			发送邮件	Envíame un correo electrónico cuanto antes. 请尽快给我发一封电子邮件。
enviar una carta			发送信件	Envíenos una carta de invitación cuanto antes, por favor. 请您尽快发给我们一封邀请函。
escanear		tr.	扫描	Tengo que escanear este documento de inmediato. 我必须立刻扫描这份文件。
Escrow			第三方托管（国际支付宝）	Escrow es una forma de pago. 第三方托管是一种支付方式。
esperando su respuesta			期盼回复	Estamos esperando su respuesta. 我们期盼您的回复。
estar interesado en			对……关注，对……感兴趣	Estoy muy interesado en comprar esta crema facial de tu tienda online. 我非常希望在你们网店买这款面霜。
estatal		adj.	国有的	Los bancos de este país son estatales. 这个国家的银行是国有的。
estimación		f.	估算	¿Podría indicarme una estimación del coste de envío? 您能帮忙估算一下运送成本吗？
estipulado		adj.	规定的	Las responsabilidades de llevar una empresa están claramente estipuladas. 管理一家公司的责任规定地非常清楚。
estrategia		f.	策略	Para el éxito de tus estrategias en Amazon es vital el conseguir un gran número de valoraciones y opiniones y lo más positivas posibles. 希望在亚马逊上策略成功，尽可能多得获得正面评价和反馈是非常关键的。
estrenar		tr.	首映，首次使用	Ayer estrené el vestido que compré en Amazon. 我昨天初次穿了在亚马逊上新买的套裙。
estudiante en práctica			实习生	Este año mi empresa no acepta estudiantes en práctica. 今年我公司不招收实习生。
euro		m.	欧元	Nos puedes pagar en euros. 你可以用欧元向我们付款。
expectativa		f.	期望	Vamos a explicar paso a paso el proceso para seleccionar productos rentables y con buenas expectativas de ventas. 我们将一步步讲解如何选择盈利和拥有良好预期的产品。

（续表）

experiencia de compra		购物体验	Hacemos cualquier cosa para mejorar la experiencia de compra de los consumidores. 我们可以做任何事情来提升消费者的购物体验。
exportación	f.	出口	Esta empresa se dedica a la exportación de edredores de seda. 这家公司从事蚕丝被的出口。
EXW (Ex work) Franco fábrica		出厂价	Como el precio es Ex work, la mercancía se entregará al comprador en la fábrica. 因为是出厂价，所以货物在工厂交付给买家。
fábrica	f.	工厂	Esta ciudad se llama fábrica de sueños. 这座城市叫梦工厂。
factor personalizado		人性化因素	Los servicios de atención al cliente abarcan varios factores personalizados. 客户服务包含许多人性化因素。
factura	f.	发票	No pudo cambiar el abrigo porque perdió la factura. 他没能更换大衣，因为他把发票弄丢了。
factura eléctrica		电子发票	Una vez realizada la compra, le enviarémos la factura electrónica. 一旦支付成功，我们将发送电子发票。
factura proforma		形式发票	Necesito la factura proforma del pedido del 15 de marzo urgentemente. 我急需3月15日订单的形式发票。
facturación	f.	营业额	Esa empresa cuenta con una facturación anual de 100 millones de euros. 那家公司的年营业额是一亿欧元。
favorito, ta	adj.	最爱的	Esta es mi canción favorita. 这是我最喜欢的歌曲。
comentarios recibidos		反馈	Nos importan mucho los comentarios recibidos de los usuarios. 我们非常重视用户的反馈。
fidelidad	f.	忠诚	El objetivo de esta actividad es el de atraer a los consumidores online a los establecimientos físicos para poder crear más oportunidades de venta y reforzar los lazos existentes de fidelidad y confianza entre cliente y empresa. 该活动的目的是吸引线上消费者到实体机构，营造更多的销售机会，加强客户与公司之间现有的忠诚度和信任联系。

（续表）

fidelización	*f.*	忠诚度	Hay que establecer una estrategia de fidelización del cliente. 应该设立客户忠诚度策略。
fidelizar	*tr.*	使（客户）忠诚	Cada año esta empresa hace actividades de promoción para fidelizar a los clientes. 该公司每年都举行促销活动为了使客户们成为忠实的顾客。
firmar un contrato		签署合同	Mañana vamos a firmar el contrato con el proveedor. 明天我们将与供应商签合同。
flota	*f.*	舰队，机群	Las compañías como TNT, UPS poseen sus propias flotas de aviones y vehículos de transporte. TNT，UPS 等快递公司都有自己的飞机和运输车辆。
forma de pago		付款方式	1) La forma de pago de este pedido es por transferencia bancaria. 这笔订单的付款方式是银行转账。 2) Deberíamos haber negociado una forma de pago mejor, pero ahora tenemos que pagar todo antes del envío del producto. 我们本应协商一个更好的付款方式，但现在我们却必须在对方出货前付全款。
formación profesional		职业培训	La formación profesional es obligatoria para todos los trabajadores nuevos. 新员工的职业培训是必须的。
franquicia	*f.*	加盟连锁店	La franquicia fue fundada en 2018 y ahora tiene 100 tiendas en todo el país. 加盟连锁创办于 2018 年，目前在全国有 100 家店。
frente a		面对	No podemos enfadarnos frente a los clientes. 面对客户时我们不能发火。
frontera	*f.*	边境线，边界，国境	La mercancía de comercio electronico transfronterizo cruza la frontera. 跨境电商销售的货品会跨越边境。
fuente	*f.*	来源	Los datos que presentan en esta página provienen de fuentes dispares. 该页面呈现的数据来源不同。
fuentes internas y externas		内外来源	A través de las fuentes internas y externas, la empresa se mantiene actualizada de todas las tecnologías. 通过内外来源，公司保持着技术的实时更新。

225

（续表）

Fulfillment by Amazon		亚马逊 FBA 物流服务	Solo los que tienen cuantas de vendedor profesional pueden solicitar el servicio de Fulfillment by Amazon. 只有拥有专业账户的卖家才能申请亚马逊 FBA 物流服务。
fundado	*adj.*	建立于	eBay es uno de los pioneros en este tipo de transacciones, habiendo sido fundado en el año 1995. 易贝是这类交易的先锋，始建于 1995 年。
fundar	*tr.*	成立	Él fundó un estudio de diseño interior. 他成立了一家室内设计工作室。
género	*m.*	产品	Los siguientes géneros llegaron dañados. 以下产品到达时已受损。
gerente	*m.*	经理	Usted puede hablar con nuestro gerente. 您可以跟我们的经理谈。
gestionar	*tr.*	管理，运营	Esta empresa española gestiona desde su sede en Madrid. 这家西班牙公司在马德里总部运营。
gestón de datos		数据管理	Los datos incorporados en una plataforma de gestión de datos pueden ser datos propios. 数据管理平台里的数据可能是自有数据。
giro postal		邮政汇票	Puede pagarnos con giro postal. 我们可以用邮政汇票支付。
grupo empresarial		企业集团	Las cinco empresas forman parte de un grupo empresarial. 这五家企业组成了一家集团公司。
haber un puesto libre		有空缺的职位	Hay un puesto libre de contable en la compañía. 公司有个会计的空缺。
hacer un pedido		下订单	Este cliente nos hace un pedido grande cada dos meses. 这个客户每两个月向我们下一笔大订单。
hueco	*m.*	空缺	Primero debemos buscar el hueco de la necesidad del mercado. 我们首先需要寻找市场需求的空缺。
I.V.A.（或 IVA）(impuesto sobre el valor añadido o agregado)		增值税	1) El I.V.A. es una carga fiscal sobre consumo. 　 增值税是一种消费税。 2) En España algunos productos están excentos de I.V.A., como los sellos de correos, los productos de ahorro y financieros, los servicios eductivos etc. 　 在西班牙有些产品可免增值税，如邮票、储蓄和理财产品、教育服务等。

（续表）

Identificador de catálogo global (global catalog identifier)		全球产品目录辨识器	Identificador de catálogo global es una tecnología innovadora. 全球产品目录辨识器是一种创新技术。
importación	*f.*	进口	Él ha montado un negocio de importación de productos eléctricos. 他做电子产品的进口生意。
importación y exportación		进出口	Mi empresa se dedica a la importación y exportación de cosméticos. 我公司从事化妆品的进出口业务。
importe	*m.*	金额	La factura tiene un importe de 108 euros. 发票金额为108欧元。
impuesto	*m.*	税收	Como el gobierno redujo el impuesto de consumo a los productos lujosos, la compra de éstos aumentó considerablemente. 因为政府降低了奢侈品的消费税，所以奢侈品的消费大幅增加。
incidencia	*f.*	意外事件	Gestionamos las posibles reclamaciones e incidencias en el transporte. 我们办理运输中可能的投诉和意外事件。
incomodidad	*f.*	不便利，不舒适	Para evidar incomodidades de almacenamiento, intentamos buscar productos de poco volumen. 为了避免仓储的不便，我们尽量找体积不大的产品。
índice de respuesta		回复率	En esta plataforma valoran mucho el índice de respuesta de las tiendas virtuales. 这家平台重视网店的回复率。
información adicional		补充信息	Si sigues en la misma página para abajo, vas a ver la información adicional del producto. 如果你沿着页面下滑，你会看到产品的补充信息。
información de producto		产品信息	En esta página puedes ver la información de producto. 在本页面你可以查看到产品信息。
informar	*tr.*	通知	Le informo que hemos enviado el producto para su pedido 299 en el día de hoy. 现通知您，我们今天已为您的299号订单发货。
iniciar sesión		登入	Si ya tienes una cuenta en esta plataforma puedes iniciar sesión aquí. 如果你已经在这个平台上有账号，那么你可以在此登入。

（续表）

inservible(out of order)	*adj.*	不能用的	Después de la avería, la impresora quedó inservible. 出了故障之后，打印机就用不成了。
insignia	*f.*	徽章	Cómo conseguir la insignia de "Nivel de respuesta alto a los mensajes" de Facebook es complicado. 在脸书上获得"高级别回复信息"徽章比较复杂。
instalar un programa		安装程序	Esta tarde viene el técnico a instalar el nuevo programa los nuestros ordenadores. 今天下午技术人员来为我们的电脑安装新程序。
inteligencia artificial		人工智能	1) La inteligencia artificial es la simulación de procesos de inteligencia humana por parte de las máquinas. 人工智能是由机器模仿人类智能的过程。 2) Hay muchas película de ciencia ficción sobre la inteligencia artificial. 有许多关于人工智能的科幻电影。
Internacionalización		国际化	El marketing es la clave en la internacionalización. 市场营销是国际化的关键。
investigación	*f.*		Por esta razón, la etapa de investigación es la más importante dentro de todo el proceso de venta de productos físicos. 因此，调研阶段是实体产品销售过程中最重要的阶段。
IVA		增值税	El IVA para los bienes de consumo es 18% en España. 西班牙的消费品的增值税是 18%。
la material prima		原材料	Utilizamos la mejor materia prima para fabricar este perfume. 我们使用最好的原材料来生产这款香水。
laboratorio	*m.*	实验室，研发中心	Disponemos de un laboratorio propio en el que realizamos el análisis de calidad bajo las normas ISO. 我们按照 ISO 质量体系，用自己的实验室分析质量。
lanzar	*tr.*	启动	¿Cómo lanzar un nuevo producto lácteo al mercado? 如何向市场投放一款新的乳制品？
las formas de venta		销售方式	Nuestras formas de venta son muy flexibles. 我们的销售方式非常灵活。
le saludamos atentamente		此致、敬礼	Quedamos a la espera de sus noticias. Le saludamos atentamente. 期盼您的回复，此致，敬礼。

（续表）

legislación aduanera		海关法规	La legislación aduanera se difiere en cada país. 各国的海关法规都不相同。
libertad financiera		财务自由	¿Cuánto tiempo necesitamos para alcanzar la libertad financiera? 我们需要多久才能财务自由？
licencia	f.	许可证	Para hacer el comercio electrónico transfronterizo no se requiere la licencia de exportación. 做跨境电商不需要出口许可证。
lista activa		可售商品页面	En la lista activa puedes ver los productos que estamos vendiendo. 在可售商品页面你可以看到我们正在售卖的产品。
lista de precios		报价单	Le adjunto la lista de precios de los productos de la nueva temporada. 给您附上新上市产品的报价单。
(artículo en) listado sin descripción (listing missing description)		描述缺少清单	Tenemos que tener en cuenta los artículos en listado sin descripción. 我们应该关注描述缺少清单上的产品。
llevarse a casa		带回家，买走	El proceso de venta termina cuando un cliente compra el producto y se lo lleva a casa. 当客户购买了产品并把产品带走，意味着销售过程结束了。
logística	f.	物流	¿Cuántas formas de logística hay en el comercio electrónico? 电子商务当中有多少种物流方式？
lucrativo	adj.	盈利的	Si un negocio no trae beneficio, no es lucrativo. 如果生意不能带来利润，就不盈利。
marca	f.	品牌	Esta marca se vende mucho en Amazon. 这个品牌在亚马逊上卖得很好。
marco legal		法律框架	Una empresa debe aplicar sus actividades económicas bajo el marco legal. 公司的经济活动需要在法律框架体系之内。
margen	m.	利润空间	¿Cómo se define el margen de ganancia de un producto? Esto se refleja en porcentaje 10%，20% etc. 如何确定产品的利润空间？它反应在利润率上，如10%，20%等。

（续表）

marketing	m	市场营销	Las campañas de marketing ayudan a vender más. 市场营销活动有助于销售更多。
marketing online		网络营销	Hoy vamos a estudiar la estrategia de marketing online para nuestra empresa. 今天我们将研究本公司的网络营销策略。
mayorista	m. f.	批发商	Normalmente un mayorista no se pone en contacto con los consumidores finales. 一般情况下，批发商不直接接触最终消费者。
mensajería	f.	快递	La industria de mensajería se ha desarrollado rápidamente en los últimos años. 快递业近几年发展迅猛。 Mensajería es un servicio de envíos. 快递是一种配送服务。
mensajero, ra	m. f.	快递员，送信员	En China muchos mensajeros se mueven en moto o en bicicleta eléctrica. 中国的许多快递员骑摩托车或电瓶车。
mensual	adj.	每月的	Normalmente cobramos un salario mensual. 我们通常挣得是月薪。
mercado de comercio electrónico		电商市场	El mercado de comercio electrónico de China se desarrolla rápidamente en los últimos años. 中国的电商市场近年来发展迅猛。
millón	m.	百万	El gana un millón y medio al año. 他年薪一百五十万。
minorista	m. f.	零售商	Un minorista vende directo a los consumidores finales. 零售商直接卖给最终消费者。
modelo clásico		经典款式	Este es el modelo clásico de nuestra tienda online. 我们店的经典款卖得非常火。
montaje	m.	安装	El montaje de estas piezas fue un trabajo duro. 这些零件的安装非常困难。
muestra	f.	样品	¿Es posible que nos envíen 10 muestras gratuitas? 有可能寄给我们10套免费样品吗?
muestrario	m.	样品（总称），成套样品	El vendedor sacó su muestrario para enseñar a los distribuidores. 销售员拿出样品展示给分销商们。

（续表）

nagevar por Internet		上网	Los jóvenes no pueden pasar ningún día sin navegar por Internet. 年轻人没有一天不上网。
navegador m.		浏览器	Para acceder al Portal de formación, hay que abrir el navegador de Internet, Firefox, y desactivar el bloqueador de elementos emergentes. 欲进入培训门户页，需要打开火狐浏览器，解除弹跳窗口的禁用程序。
navegar por la red		浏览网页，上网	Navegando por la red, encontrarás toda la información que buscas. 浏览网页，你能找到你所需的所有信息。
negociar un contrato		商谈合同	Esta tarde vamos a negaciar el contrato con nuestro mayor cliente. 今天下午我们要跟我们最大的客户商谈合同。
negocio	m.	生意	Arnau tiene un negocio de importación y exportación. 阿纳尔经营进出口业务。
ninguna opinión de cliente		无客户评论	Todavía no disponemos de ninguna opinión de cliente en nuestra tienda online. 我们的网店还没有客户评论。
nivel de vida		生活水平	El nivel de vida de China sube sin parar. 中国的生活水平不断上升。
O2O：online a offline (online to offline) (se compra online y recibe el servicio offline)		线上到线下	Hacemos negocio de O2O. 我们做从线上到线下的生意。
ocupar un puesto de		有……职位	De momento nadie ocupa el puesto de presidente de la compañía. 目前公司总裁职位空缺。
omnicanalidad		多渠道	Omnicanal u omnicanalidad es un término empleado para hacer referencia a una estrategia de gestión del cliente. 多渠道是指客户管理策略时所使用的术语。
opción de subscripción		注册选项	Los usuarios pueden ver en la opción de subscripción："suscríbete y ahorra". 用户们可以在注册选项中看到："注册就省钱"。

（续表）

opinión de cliente		客户的评价	La opinión de cliente es fundamental para vender en línea. 客户的评价对于网店销售非常重要。
pagar a .... días		多少天付款	Deben pagar todo a 30 días con el pedido. 下单后30天付全款。
pagar a la vista		即期付款，立即付款	Nuestra forma de pago es pagar a la vista. 我们的付款方式是即期付款。
pagar a plazos vencidos		分期付款	Por la compra de este coche, usted puede pagar a plazos vencidos. 购买这款车您可以分期付款。
pagar al contado		现金支付	En nuestra tienda solo aceptamos pagar al contado. 我们店只收现金。
pagar contra reembolso		到付	Esta plataforma apoya pagar contra reembolso. 这家平台支持到付。
pagar en metálico		现金支付	Puede pagarnos en metálico. 您可以现金付款给我们。
pagar mediante transferencia bancaria		银行转账付款	Mi empresa suele pagar mediante transferencia bancaria a los pedidos no muy grandes. 我的公司对于不大的订单通常通过银行转账付款。
página de destino (landing page)		着陆页	Una página de destino o "landing page" es la página web activa a la que acceden los usuarios cuando hacen clic en un anuncio o en un resultado de búsqueda. 着陆页是指用户在点击广告或点击搜索结果时，进入的有效页面。
página de inicio		首页	La página de inicio y la página principal son diferentes. La página de inicio es la que se muestra cuando abres el explorador de Internet por primera vez en tu ordenador. 首页不同于主页。首页是当你首次打开电脑英特网浏览器时出现的页面。
página principal		主页	Para más información, visite nuestra página principal. 预知更多详情，请访问我们的主页。 La página principal es la que se abre cuando haces clic en el botón Página principal. 主页是当你点击主页按键时打开的页面。

（续表）

página web		网页	Si le gusta nuestro diseño de moda, puede visitar nuestra página web. 如果您喜欢我们的时装设计，可以访问我们的网页。
país de destino		目的国	Los trámites aduaneros varían mucho en función de los países de destino. 清关手续因目的国而有差别。
país de origen		原产国	El país de origen de este vino es España. 这款葡萄酒的原产国是西班牙。
palabra clave		关键词	Buscamos los productos por palabra clave. 我们用关键词搜产品。
Paypal	m.	贝宝	Paypal es una forma fácil de pagos y de transferir dinero en línea. 贝宝是一种简单的网络付款方式和转账方式。
pedido	m.	订单	Está pendiente de entregar los géneros de nuestro pedido número 0280. 我们 0280 号订单的货等待交付。 Podremos cursarles un pedido a principios de mes que viene. 我们下个月初可以向贵方下订单。
pérdida	f.	损失	El ajuste del tipo de interés produjo una gran pérdida en la compañía. 利率的调整造成了公司巨大的损失。
perfil del cliente		客户背景，特点	Conocer bien el perfil del cliente nos ayuda vender más. 了解客户的背景有助于我们更好地销售。
pinchar en un enlace		点击链接	Puede pinchar en este enlace para comprar la seria nueva de estos productos. 您可以点击链接购买这款新系列的产品。
pionero	m.	先锋，开拓者	Esta plataforma es pionera en juegos de grupo por Internet. 这家平台是网络组队游戏的开拓者。
plantilla	f.	人员编制	Tenemos una plantilla de 1000 personas. 我们的人员编制有千人。
plataforma	f.	平台	Una funciona clave de esta plataforma es recopilar datos y gustos de los clientes. 该平台的一个重要功能就是收集客户资料与喜好。

（续表）

plazo de entrega		交货期	Agradeceríamos que nos indicaran sus plazos de entrega. 非常感谢贵方告知您的交货期。
poder adquisitivo		购买力	El poder adquisitivo de los asalariados españoles ha caído un 2% en este año. 今年西班牙工薪阶层的购买力下降了2%。
poner un precio de salida		设定初始价格	El vendedor pone un precio de salida y una duración determinada para el anuncio. 卖家为他的售卖广告设定初始价格并限定期限。
portes debidos		邮资未付的，到付	Nuestra política de empresa es enviar todos los pedidos a los clientes a portes debidos. 将所有订单发送给客户，运费到付是我们公司的政策。
poseer el perfil profesional adecuado		拥有合适的职业资质	Les envío mi CV ya que poseo el perfil profesional adecuado para el puesto vacante. 我向贵公司投个人简历，是因为我有合适的职业资质，适合贵司的空缺职位。
posicionamiento	m.	排位	La creación de la página web de su empresa con el nuevo catálogo mejoró el posicionamiento evidentemente. 随着新产品目录的推出，他们公司新建的网页明显提升了排名。
potente	adj.	强大的	Es una competición desigual, es que nos enfrentamos a una competencia potente. 这是不公平的竞争，因为我们面临强劲的竞争对手。
precio	m.	价格	¿Cómo se fija el precio online? 怎么定网价呢？
precio con IVA		含增值税的价格	Ofrecemos el precio con IVA y el IVA para los bienes de consumo es el 18% a partir de este año. 我们提供的是含税价，而自今年起增值税为18%。
precio de venta		销售价格	El precio de venta es el valor monetario por el que un vendedor tranza. 销售价格是销售人员标出的货币价格。
precio de venta promedio (average selling price)		平均单一商品销售价	El precio de venta promedio, es el precio al que el mercado tranza el valor de determinado bien. 平均单一商品销售价是市场根据某商品的价值调节的价格。

（续表）

precio en vigor			现行价格	En la página de detalle del producto puede encontrar el precio en vigor. 在产品详情页可以找到现行的价格。
precio libre de IVA			不含增值税的价格	Los artículos de las tiendas libres de impuestos son libres de IVA. En las tiendas libres de impuestos. 免税店里的产品价格不含增值税。
libre de impuesto			免税	Los produstos de esa tienda son más baratos porque están libres de impuestos. 那家店里的产品很便宜因为是免税的。
precio venta al público (P.V.P.)			市场价，公众价格	El precio venta al público de esta marca de cosméticos es carísimo. 这个品牌的化妆品市场价非常高。
preparar una factura			开发票	Estimado señor, le estamos preparando la factura. 尊敬的先生，我们正在为您准备发票。
presidente		*m.*	总裁，主席	El presidente de la empresa nos va a visitar mañana a la oficina. 公司总裁明天来我们办公室访问。
presupuesto		*m.*	预算	No tenemos mucho presupuesto para empezar un negocio online. 我们没有太多预算来开展网上业务。
prevenir		*tr.*	预测，预见	Al detectar el gusto del público, se puede prevenir la tendencia del mercado. 一旦探测到大众的品味，就可以预测市场的趋势。
privado		*adj.*	私有的	Esta empresa es privada. 这是一家私营公司。
proceso de despacho			清关程序	El proceso de despacho en las Aduanas es complicado. 海关的清关程序非常复杂。
proceso de selección			选择过程	El proceso de selección de productos estrella nos ha costado mucho. 选择明星产品的过程让我们很费劲。
proceso de fabricación			生产流程	Nuestro proceso de fabricación está todo bajo control de calidad. 我们的生产流程全都在质量控制之中。
proceso de gestión			运营流程	Nuestro proceso de gestión es muy eficiente. 我们的运营流程非常高效。

（续表）

proceso de producción		生产流程	Nuestra fábrica exige estrictamente el procesod e producción. 我们工厂严格要求产品的生产流程。
profesional	adj.	专业的	Disponemos de un equipo profesional para la gestión de compra. 我们有一支专业的团队运营采购。
promedio de venta diario		每日平均销售量	¿Cómo calculas el promedio de venta diario de tu tienda online? 你怎么计算网络店铺的每日平均销售量？
promoción	f.	推广	Tienen un equipo profesional que lleva la promoción de su empresa. 他们公司有一个专业团队进行公司推广的运作。
protocolo	m.	草案，规章制度	El protocolo de atención al cliente se trata de una serie de criterios，conceptos，ideas y creencias que trae un sentimiento agradable al posible cliente. 客户服务规则涉及一系列的标准、概念、想法和信仰为潜在的客户带来愉悦的感受。
proveedor	m.	供货商	Contamos con proveedores fiables. 我们有可信的供货商。
proveer de mercancía		供货	Esta empresa nos provee de la materia prima. 这家公司给我们提供原材料。
PYMES (pequeñas y medianas empresas)		中小企业	Nos dedicamos a financiar a las PYMES. 我们致力于资助中小企业。
quedar un puesto vacante		有空缺的职位	Aun nos queda un puesto vacante para llevar la Atención al Cliente. 我们的客服部仍有空缺职位。
ratio de devolución		退货率	¿Cuál es el ratio de devolución de esta crema facial? 这款面霜的退货率是多少？
ratio de opinión negativa recibida(received nagetive feedback rate)		差评率	El ratio de opinión negativa recibida decide el posicionamiento de una tienda online. 差评率可以决定一家网店的排名。
ratio de viralidad		病毒传播率	El ratio de viralidad es una forma de markting exitosa. 病毒传播率是市场营销的成功手段。

（续表）

rebaja		f.	特价，减价	Si haces pedido hoy, disfrutarás una rebaja de 15%. 如果你今天下单，可优惠15%。
recepción		f.	接收	Aparte de la recepción de mercancía, también hacemos el chequeo. 除了接受产品，我们也验收。
recibo			收据	Esta tienda me ha dado un rebido. 这家店给了我一张收据。
recibo bancario			银行收据	Después de hacer la transferencia en el banco, me han dejado un recibo bancario. 银行转账后，银行提供给我了一张银行收据。
recopilar		tr.	收集	Las formas de recopilar esta información pueden ser cualitativas (entrevistas, dinámicas de grupo, técnicas de creatividad, observación ...) o cuantitativas (encuestas, número de visita online ...). 收集该信息的方式可以是质化的（如：通过访谈、集团动态数据、创新技术、观察等）或量化的（如：通过问卷、线上访问量等）。
recogida en origen			上门取件，上门收集	Este servicio incluye la recogida en origen y el transporte aéreo al aeropuerto de destino. 该服务包括上门取件和到达目的机场的航空运输。
recurso		m.	资源，手段	Video es un recurso práctico de promoción. 视频是营销的实用资源。
Recursos Humanos			人力资源	Cómo llevar bien el Departamento de Recursos Humanos es un arte. 如何妥善管理人力资源部是一门艺术。
redactar un contrato			起草合同	Para confirmar este pedido grande necesitamos redactar un contrato. 为了确认这笔大订单我们需要起草一份合同。
reembolso		m.	退款	1) Sentimos tener que devolverles la mercancía defectuosa y pedirles su reembolso. 我们非常遗憾地要求缺陷产品退货并退款。 2) Reclama el reembolso de la mesa que pagó porque es defectuosa. 因为他买的桌子有缺陷，所以他要求退款。
regalo perfecto			完美礼物	El regalo perfecto no siempre es el más caro. 完美礼物并非总是最贵的。

（续表）

regla general		普遍规则，一般规则	Como regla general, si el personal de servicio al cliente promete volver a contestar a un cliente, es mejor ponerse en contacto con él en un plazo no mayor de 24 horas. 作为普遍规则，如果客服人员承诺回复客户，最好于24小时内联系。
renovar el material		更新材料	Es necesario renovar el material para mejorar la calidad. 有必要更新材料来提高质量。
renovar la materia prima		更新原材料	Estamos renovando la material prima para mejorar este producto. 为了改善这款产品我们正在更新原材料。
responder a un correo electrónico		回复邮件	Te respondemos a tu correo electrónico lo antes posible. 我们会尽快回复你的电子邮件。
responsable de ventas		销售负责人	El responsable de ventas de nuestra empresa es un chico muy joven. 我们公司的销售负责人是一名非常年轻的小伙子。
retener	intr.	留住	Es un reto retener a los posibles clientes. 留住潜在的客人是一种挑战。
reto	m.	挑战	El reto de montar un comercio electrónico no es solo atraer flujo sino también ofrecer un servicio atractivo. 开展电子商务的挑战不仅是吸引流量而且要提供有吸引力的服务。
rogamos que nos hagan llegar		恳请寄送	Rogamos que nos hagan llegar las muestras y especificaciones. 恳请发给我们样品和产品说明。
rogar el envío de		恳请寄送	Rogamos el envío de las muestras cuanto antes. 恳请尽快发送样品。
saldo	m.	余额，余款	Aun queda por pagar el saldo del pedido. 订单余款还有待支付。
salvo	adv.	除非	Facebook como canal de atención al cliente no es el más recomendable, salvo que los usuarios sean fundamentalmente jóvenes. Facebook 并非客服渠道的最佳选择，除非你的用户全是年轻人。
satisfacer las condiciones		满足条件	Si satisfaces las condiciones que piden ya puedes montar tu tienda online. 如果你满足所需的条件，那么你就可以开自己的网店。

（续表）

satisfecho	adj.	满意的	Un cliente satisfecho, bien atendido, seguramente volverá a comprar a la misma tienda. 一位满意的、受优待的客户，一定会在同一家店再次购物。
saturarse la red		页面卡住	Tenemos una conexión de 50MB y la red se satura fácilmente. 我们的网速 50 兆，页面容易卡。
sección	f.	部分，部门	Te espero en la sección de ropa. 我在服装部等你。
seguimiento de cliente		客户跟进	Hacemos seguimiento de cliente para ver si quiere comprar más. 我们进行客户跟进，希望了解他是否回购。
seguridad de pago		支付安全	No te proecupes por la seguridad de pago, ya que esta plataforma es segura. 您不用担心支付安全，这个平台非常安全。
selección	f.	选择	Me encargo de la selección de productos para nuestra tienda online. 我负责为我们网店选品。
selección de productos		选品	La selección de productos es la clave para una tienda online. 选品很关键。
SEM		搜索引擎营销	El SEM es el uso de herramientas y estrategias que nos ayudan a optimizar la visibilidad y a aumentar la accesibilidad de los sitios y páginas web gracias a los motores de los buscadores. SEM 营销指通过使用搜索引擎，帮助我们优化站点和页面的出现率并增加访问量的营销工具和策略。
serie	f.	系列	La serie Rosa se dedica a la piel seca y envejecida. 玫瑰系列适用于干燥和衰老肌肤。
servicio	m.	服务	¿Qué es servicio? Un servicio es un conjunto de actividades que buscan satisfacer las necesidades de un cliente. 服务是什么？服务是一系列力求满足客户需求的活动。
servicio de atención al usuario (cliente)		客户服务	El gigante electrónico, Samsung, ofrece un completo servicio de atención al usuario a través de su web para toda su gama de productos. 电子巨头——三星，通过其主页向用户提供所有产品的客服。

（续表）

servicio de financiación		融资服务，金融服务	El uso del servicio de financiación compensatoria del Fondo Monetario Internacional está destinado a proporcionar asistencia financiera a países miembros que experimenten dificultades de balanza de pago. 世界货币基金组织的补偿融资贷款致力于援助遭遇财政收支困难的会员国。 Este banco ofrece el servicio de financiación a empresas pequeñas. 这家银行为小企业提供金融服务。
servicio de Postventa		售后服务	Garantizamos un servicio de postventa excelente. 我们承诺优秀的售后服务。
servidor	m.	服务器	Los datos de cliente se almacenan en el servidor. 客户资料都存于服务器中。
sesión	f.	次数，场次	Le prometieron que le curarían sus granitos de la cara en 5 sesiones. 有商家承诺，5次治疗将治愈他脸上的青春痘。
sesiónes	f.	浏览用户数	La lista de las sesiones sirve para vez la cantidad de los visitantes a la página web. 浏览用户数可查看网页访问量。
sin embargo		然而	Pensabamos que los aparatos electrónicos se venderían bien online, sin embargo nos equivocamos. 我们原以为电子产品网络销售容易，然而我们想错了。
sistema postal		邮政系统	El sistema postal suele ser más económico que el courier internacional. 邮政系统通常比国际快递经济实惠。
sociedad	f.	公司	Somos una sociedad de dos socios. 我们公司有两位合伙人。
sociedad anónima (S.A.)		股份有限公司	Somos una empresa anónima de China dedicada al comercio electrónico transfronterizo. 我们是一家从事跨境电子商务的股份有限公司。
sociedad limitada (S.L.)		有限责任公司	Es una empresa limitada. 这是一家有限责任公司。
socio	m.	合伙人，股东	Para consituir una sociedad anónima son necesarios más de dos socios. 组建股份有限公司需要2名以上股东。

（续表）

soporte al cliente			客户支持	Ofrecemos un excelente soporte al cliente. 我们提供出色的客户支持。
soporte técnico			技术支持	Si un producto online requiere mucho soporte técnico ¿cómo lo solucionamos? 如果一个网上的产品需要大量的技术支持，我们怎么办呢？
stock		*m.*	库存	De momento no tenemos este modelo de bolso en stock. 目前这款包，我们正好没有库存了。
stock de producto			库存	Nuestro stock de producto es abundante. 我们库存充盈。
subasta		*f.*	拍卖	La subasta del los bienes inmuebles no sirvió para saldar las deudas de la compañía. 公司不动产的拍卖未能还清公司的债务。
suerte		*f.*	好运	Juan tuvo mucha suerte y ganó "el gordo" de la lotería. 胡安很幸运，中了彩票大奖。
suministrar productos			供货	Tenemos varios proveedores que nos suministran una mercancía variada al gusto de nuestro cliente. 我们有很多供应商可以按照客户的喜好提供多样的产品。
sustituto		*m.*	替代的	El es el sustituto del ex-director general. 他替换了前任总经理。
tarea		*f.*	任务	Vender es una tarea muy dura. 销售是个艰巨的任务。
tarifa		*f.*	价目表	Ofrecemos una tarifa preferencial a los clientes viejos. 我们为老客户提供优惠的价格。
tarifas vigentes desde el ...			自……起 有效价格	Pueden consultar en nuestra Página Web las tarifas vigentes desde el 1 de enero, 2022. 您可以在我们的网页上查询自 2022 年 1 月 1 日起生效的价格。
tarjeta de crédito			信用卡	Puede pagar con la tarjeta de crédito. 您可以用信用卡支付。
tarjeta de débito			借记卡	Usted puede comprar con tarjeta de débito. 您可以用借记卡支付。
tasa de reembolso			退款率	La tasa de reembolso influye el negocio de una tienda online. 退款率影响着一家网店的生意。

（续表）

tener buenas referencias		好口碑，好参考	Nuestros productos tienen muy buenas referencias. 我们的产品有非常好的口碑。
territorio	m.	领土，领域	Me encanta este proyecto ya que es mi territorio familiar. 我喜欢这个项目，因为是我熟悉的领域。
tiempo de respuesta		回复时间	El tiempo de respuesta y la eficacia del servicio son los aspectos mejor valorados por los usuarios. 回复时间和服务效率是用户最看重的方面。
tienda física		实体店	Aparte de la tienda online, también tenemos 5 tiendas físicas en esta ciudad. 除了网店，我们在本城还有 5 家实体店。
tienda online		网店	Nuestra tienda online ofrece los mismos productos que la tienda física. 我们网店跟实体店提供相同的产品。
tipo	m.	种类	¿Qué tipo de frutos secos me aconsejas para vender online? 你建议我网上卖哪种坚果？
transacción	f.	交易	La transacción de compra fue exitosa. 购买交易已成功。
transcurrir	intr.	流逝	Han transcurrido 20 días desde que enviamos su mercancía. 我们给您发货已有 20 天了。
transporte	m.	运输	Nuestro servicio de tranporte es moderno y eficiente. 我们的运输服务非常现代和高效。
transportista	m.	运输公司	Nuestro transportista viene hoy a buscar la mercancía. 我们的运输公司今天来拉货。
trazabilidad	f.	追溯性	Para asegurar la trazabilidad de los envíos, nuestro departamento Atención al cliente realiza un seguimiento personalizado. 为了确保邮件追踪，我们的客服部执行个性化追溯服务。
unidad promedia por artículo de pedido (average units per order item)		平均单一商品销售数	¿Cómo se calcula la unidad promedia por artículo de pedido? 如何计算平均单一商品销售数？
unidad reembolsada (units refunded)		退款数	La lista de unidad reembolsada es una referencia importante. 退款数是个很重要的参数。

（续表）

unidades pedidas (units orderd)		商品销售数	Tenemos que analizar la lista de las unidades pedidas. 我们应该分析产品销售数。
Unión Postal Universal (UPU)		万国邮政联盟	Gracias a la Unión Postal Universal (UPU), el sistema postal ofrece servicios postales de calidad, eficaces, económicos y accesibles para todo el mundo. 多亏万国邮政联盟，邮政系统才能向全世界提供优质、高效、且经济实惠的邮政服务。
usuario	m.	用户	Cada día más usuarios visitan nuestra tienda. 越来越多的用户们浏览我们的网店。
valoración media de los clientes		客户平均好评度	En Amazon todas las tiendas tiene valoración media de los clientes. 亚马逊上的所有店铺都有客户平均好评度。
valoración negativa recibida		差评数	La valoración negativa recibida de una tienda online afecta mucho a las ventas. 网店的差评数非常影响销售。
vendedor	f.	销售员	Los vendedores se encargan de vender los productos. 销售们负责产品售卖。
vender al por mayor		批发	Esta tienda online solo vende al por mayor. 这家网店只批发。
venta al detalle		零售	Venta al detalle es vender directo al consumidor final. 零售是直接销售给最终消费者。
venta promedia por artículo de pedido (average sales per order item)		平均单一商品销售额	La venta promedia por artículo de pedido en esta tienda en línea es la más alta de toda la plataforma. 这家网店的平均单一商品销售额在整个平台中最高。
ventas de producto pedido		订单销售总和	La lista de ventas de producto pedido es muy importante. 订单销售总和非常重要。
ver más detalle		查看更多详情	Para ver más detalle, que visite nuestra página web. 欲知更多详情，请访问我们的网页。
videoconferencia	f.	视频会议	Esta mañana tuvimos una videoconferencia todos los vendedores. 今天上午我们所有的销售人员开了一个视频会议。
visitar	tr.	访问	Bienvenida por visitar nuestra página web. 感谢你来访问我们的网站。
visto bueno		通过	Damos visto bueno a su oferta. 我们接受您的报价。

（续表）

volumen	*m.*	体积	El envío de poco volumen es económico. 小体积产品的运费很经济。
zona franca		保税区	La zona franca es un territorio aduanero comunitario, en el que se puede introducir todo tipo de mercancías, cualquiera que sea la cantidad, tamaño, origen, procedencia. 保税区是海关公共区域，可以接收各类产品，无论数量、大小、产地、来源。

图书在版编目(CIP)数据

跨境电商西班牙语/岳惠琴编著. —上海：复旦大学出版社，2021.8
（复旦卓越）
跨境电子商务系列教材
ISBN 978-7-309-15666-9

Ⅰ.①跨… Ⅱ.①岳… Ⅲ.①电子商务-西班牙语-高等学校-教材 Ⅳ.①F713.36

中国版本图书馆 CIP 数据核字(2021)第 085220 号

跨境电商西班牙语
KUAJING DIANSHANG XIBANYAYU
岳惠琴　编著
责任编辑/姜作达

复旦大学出版社有限公司出版发行
上海市国权路 579 号　邮编：200433
网址：fupnet@fudanpress.com　　http://www.fudanpress.com
门市零售：86-21-65102580　　团体订购：86-21-65104505
出版部电话：86-21-65642845
江苏句容市排印厂

开本 787×1092　1/16　印张 16　字数 331 千
2021 年 8 月第 1 版第 1 次印刷

ISBN 978-7-309-15666-9/F・2799
定价：46.00 元

如有印装质量问题，请向复旦大学出版社有限公司出版部调换。
版权所有　　侵权必究